基础设施领域公私合作契约关系研究

Research on Contractual Relationship of Public – Private Partnerships in the Field of Infrastructure

李楠楠 著

中国财经出版传媒集团

经济科学出版社

Economic Science Press

图书在版编目（CIP）数据

基础设施领域公私合作契约关系研究/李楠楠著．—北京：经济科学出版社，2017.9

ISBN 978 - 7 - 5141 - 8464 - 8

Ⅰ.①基…　Ⅱ.①李…　Ⅲ.①基础设施建设 - 公司 - 经济合作 - 合同关系 - 研究　Ⅳ.①D913.604

中国版本图书馆 CIP 数据核字（2017）第 232896 号

责任编辑：于海汛　李　林
责任校对：郑淑艳
责任印制：潘泽新

基础设施领域公私合作契约关系研究

李楠楠　著

经济科学出版社出版、发行　新华书店经销

社址：北京市海淀区阜成路甲 28 号　邮编：100142

总编部电话：010 - 88191217　发行部电话：010 - 88191522

网址：www. esp. com. cn

电子邮件：esp@ esp. com. cn

天猫网店：经济科学出版社旗舰店

网址：http://jjkxcbs. tmall. com

北京季蜂印刷有限公司印装

710 × 1000　16 开　12.25 印张　180000 字

2017 年 10 月第 1 版　2017 年 10 月第 1 次印刷

ISBN 978 - 7 - 5141 - 8464 - 8　定价：36.00 元

（图书出现印装问题，本社负责调换。电话：010 - 88191510）

（版权所有　侵权必究　举报电话：010 - 88191586

电子邮箱：dbts@ esp. com. cn）

竞争与合作反映着市场运行的两种基本形态：分与合。竞争是分，体现着市场主体的独立性和对立性；合作是合，包括市场主体组织上的联合（合并）和关系上的协作（合同）。社会化大生产，要求内部进行管理，外部进行协作。竞争可以最大化地调动社会个体的积极性，促进市场经济的发展。然而，如果市场主体之间缺乏合作，市场经济同样难以存在和发展，因此，合作规律在市场经济中同样不可或缺。竞争与合作两条规律相互联系，反映两者规律的法律制度对立统一，相互转化。要求公私合作的PPP正是竞争与合作规律的现实反映。

当前，随着经济和社会的发展与进步，不同的法学部门都在经历变化，法的价值观也体现出"义务本位"—"权利本位"—"社会本位"的发展演变过程。尽管不同法学部门各自在进行发展和完善，但其部门法的根本属性不会变化，大陆法系传统的法律部门划分不取消，不同部门法的法理念就不会改变。作为调整社会经济关系最重要的部门法，经济法与民法、行政法最根本的区别在于，经济法先天以"社会本位"为己任，立足社会整体经济利益。因此，在当前对PPP的法律规范方面，经济法更适合作为理论指导，经济法与PPP具有高度的契合性，这种契合性集中体现在三个方面："公"与"私"的相互渗透与融合；社会整体利益和社会个体利益的统一；资源配置的市场调节与国家调控相结合。

不可否认，当今社会公法与私法的界限仍然存在，但是，多个领域的公法与私法相互渗透融合已经成为法学发展的主流方向，不可逆转。复杂的社会化经济发展，公法与私法任何一门法律都不足以对其进行调整，迫切需要公私结合。PPP 的特征是公私双方建立在合同基础上形成的伙伴关系，共同分担风险、共同分享利益。正如公共产品与服务的提供，不能单纯依靠政府或社会资本任何一方，同样，PPP 的法律调整也不能只依靠公法或私法（行政法或者民法），而应该实现公法与私法相结合。PPP 立法在二元划分理论的限制之下，不管运用行政法或是民法都无法实现逻辑自洽，关于特许经营合同的法律属性（是民事合同、行政合同还是其他合同）理论界与实务界至今仍然争执不下，反映出 PPP 当前的立法窘境：即仅依靠单一的公法或者私法无法为具有公私结合性质的 PPP 提供适合的法律规范。事实证明，具有公私融合性质的经济法才是 PPP 立法的理性选择，正如经济合同才最符合特许经营合同的法律属性定位。

作为李楠楠的博士生导师，我看到了她一路以来的进步和成长。李楠楠博士为人谦虚谨慎，学习态度认真，工作踏实勤奋，具备坚实的法学基础和理论功底。她对 PPP 一直抱有浓厚的研究兴趣，在攻读博士期间就重点关注 PPP 的相关理论与实践问题，通过深入的学习和研究，产出了一些有价值的学术研究成果。有此前的踏实研究工作作为基础，才最终促成她的博士毕业论文《基础设施领域公私合作契约关系研究》的成书。

本书论述严谨，资料翔实，体系完善，广泛吸收近年来该领域国内外最新研究成果。特别是，本书从法学视角对 PPP 进行审视，能够穿过 PPP 庞杂的表象认识到其契约本质。作者立足基础设施领域，从契约关系的角度，以公共部门、私人部门以及社会公众三大主体为中心，以契约的订立、履行、终止、争议解决等契约现实运作为行文基本脉络，同时不忘强调政府监管、公众参与的重要作用，纵横结合论述 PPP 相关理论与实践问题。她意识到 PPP 的法律规制不仅是一个重要的理论问题，更是一个亟待解决的实践问题。因此，她肩负经济法的"社会责任本位"理论，运用经济法的"平衡协调"原则方法，并且大胆提出"经济合同"等观点，具有较强的创新性和较高的学术价值。更加难得的是，她较好地把握该课题的交叉属性，融合了法律、经济和财政等领域的知识，体现出她较高的学术水平与科研能力。

我相信，本书的出版将有助于促进我国 PPP 法律相关问题的研究，并对我国当前的 PPP 立法与政策制定具有重要的参考价值。同时也为该领域的研究者、工作者和学习者提供了很好的资料。为此，我深感欣慰，写下片语以示鼓励，是为序。

中国人民大学法学院教授、博士生导师

2017 年 6 月 13 日

　　基础设施是现代社会正常运行的重要物质基础，是社会经济增长和发展的重要保障。基础设施本身具有自然垄断性和公共属性，因此长期以来，政府都是基础设施直接的生产者和提供者，为的是更好地为社会和公众服务。然而，从世界范围看，由政府作为供给基础设施的唯一主体，无论从财政资金方面，还是技术水平以及管理经验方面，都满足不了当今社会对基础设施日益增长的巨大需求。于是，各国政府开始积极寻找解决问题的新途径。从20世纪80年代开始，新公共管理运动兴起，各国政府开始加大在基础设施领域的改革力度，放松传统上国家在基础设施领域的垄断经营管制，允许私营资本通过竞争的方式进入。世界范围的实践证明，基础设施领域引入私营部门的资本以及其技术和管理经验等，使得基础设施建设取得了十分有效的成果。因此，运用公私部门合作的方式提供基础设施等公共产品和服务的公私合作模式应运而生，并迅速在全球各地普遍发展。

　　公私合作制对于我国来讲，也并不是新生事物。我国在改革开放以后，就已经开始在这方面进行逐步尝试和积极探索，并掀起了数轮高潮。在这个过程中，我国政府取得了一定的经验，当然也不乏失败的教训。最新一轮公私合作模式的高潮是从2013年底开始的，与之前相比，这次的公私合作模式由国家自上而下推动。从国务院牵头，财政部和发改委负责具体推广，政策和法律法规陆续出台等方面都可以看出国家的力度和决心。可以看到，当前全国上下，"PPP"、"公私合作制"显然已经成为热词。这是由于随着新型城镇化进程的快速推进，我国对基础设施的需求进一步提高，但是受制于政府的财政能力，基础设施领域的资金投入明显不足，而且政府与国企在资源配置与运营管理上都存在着效率低下的弊端。而与此同时，私营资本无论在资金上还是技术管理上都有更多优势。在此背景下，公私合作制开始受到我国政府的重新关注。当前，在我国基础设施领域进行公私合作制改革，可以有效解决基础设施建设中存在的资金、技术以及管理等诸多问题，有助于提高基础设施供给的效率，提升基础设施产品和服务的质量，满足公共利益的需求。

由于实践领域公私合作制的快速发展，促使有关公私合作制的学术研究呈现明显增多的趋势，相当多的专家学者对于基础设施建设采用公私合作模式表现出极高的热情，产出了很多有益的学术成果。但是当前，在某些基本的问题上，例如对于公私合作本质的认识，出现很多不同的看法和观点。一部分观点将公私合作模式看作是融资模式，认为私营资本的引入，首要目标就是解决基础设施建设当中的资金短缺问题；一部分观点认为公私合作模式是管理模式，认为公私合作模式中，不仅要引入私营部门的资金，更要利用其先进的技术与管理经验。事实上，公私合作制是公共部门与私营部门之间形成的伙伴关系，强调利益共享、风险共担。这种合作关系建立在合同关系的基础上，本质上是一种契约。因为所谓公私合作制，就是充分发挥公私部门各自的优势，进行合作的合同安排。具体来讲，由对市场敏感的私营部门负责产业运营，发挥其筹集资金和技术管理上的优势，从而提高基础设施的经营效率；同时，政府等公共部门摒弃传统行政管理的落后观念和方式，不过分干涉私营部门的具体运营环节，只在市场准入与退出、价格和质量等方面进行监管，督促私营部门向全社会提供符合广大公众利益和社会整体利益的公共产品和服务。双方建立在合作协议的基础上，根据各自优势，共同分担风险，共同分享利益。因此，应该明确，公私合作制的本质是契约。

如果延续公私合作本质是契约这种研究思路进行深入分析，可以发现，公私合作当中存在三种基本的契约关系。其一是公共部门与社会公众之间的契约关系，这种契约关系以政治合法性为基础，是由政府与人民之间的社会契约关系所决定并产生的一种契约关系。政府作为公共责任人，担负着向社会和公众提供公共产品和服务的天然职责。公私合作当中，政府要始终明确这种隐含的契约关系，时刻为公众的利益服务，倘若契约关系履行得不好，就容易遭遇政治合法性危机。其二是公共部门与私营部门之间的契约关系，这种契约关系以公私部门之间的合同为基础，这是公私合作制当中的核心契约关系，是其他契约关系形成的前提。这种契约关系可以表现为多种具体的合同形式，其中，特许经营合同是最为人熟知，也是引起争议最多的合同形式，在合同的法律属性以及合同的纠纷解决方式上都还存在争议。其三是私营部门与社会公众之间的契约关系。私营部门向公众提供基础设施产品和服务，获取产品和服务的公众消费者向其支付合理对价，这也是一种契约关系。

应当注意，公私合作契约关系中，契约主体存在角色困境。私营部门的角色困境表现为：市场失灵和社会责任缺失；政府的角色困境表现为：政府多重角色之冲突；公众的角色困境表现为：公众参与缺失。因为契约主体存在各自的角色困境，由此引发的后果就是我国基础设施领域公私合作契约的现实运作存在很多问题。由于公私合作契约的现实运作主要通过公私部门之间具体合同形式进行，因此，应当按照合同各个阶段的进展顺序进行问题分析。首先要注意合同主体价值理念存在矛盾。然后，合同订立中，存在如交易相对人的选择问题和缔约过失问题；合同履行中，存在如政治风险与市场风险等问题；关于合同终止，存在如私营部门和政府行为不当终止合同问题；合同的争议解决上，存在特许经营协议性质的争议和争议解决方式的实践难题。另外，契约现实运作中还存在政府监管和公众参与的问题。政府监管上，主要是政府监管机构问题、政府对于市场准入与退出，安全与公平的监管问题以及监管者政府自身存在的问题；公众参与上，存在公众参与的范围和程度受限等问题。

认识到存在的问题之后就应当积极寻求解决与完善对策。在完善对策的思路上依然需要按照前述合同进展的顺序进行，首先是对合同主体价值理念的整合。然后在合同订立阶段，要注意交易相对人的妥善选择和缔约过失责任的承担；合同履行中，要注意风险分担，把握风险分配的基本原则，但是由于受到风险分配原则的现实限制，还需要作出风险防范的基本对策；关于合同终止，要规范合同双方解除权的行使，并且应当完善临时接管制度和建立合理的补偿机制；合同争议解决上，特许经营协议的经济合同性质的重新定位似乎更加符合法理要求，但是也要注意争议解决可操作性的现实迫切性；政府监管上，加强对监管机构的设置和协调，除了在市场准入与退出、公平与安全上完善政府监管，同时也要注意对监管者的监管，建立监管者的问责制十分必要；公众参与上，需要提高公众参与公共决策的积极性，并且拓展公众参与的深度和广度。

李楠楠

2017 年 6 月

C目录
Contents

第1章 导 论

1.1 选题背景与研究意义

1.1.1 选题背景

基础设施属于"社会先行资本",是国民经济发展的重要的物质基础,也是衡量一个国家或地区经济发展水平的重要指标。改革开放以来,我国的基础设施建设无论从数量上还是质量上都取得了很大成就。然而,在看到我国基础设施领域建设成效显著的同时,也应当注意,无论是与发达国家相比,还是从我国自身的发展需要来看,我国的基础设施建设仍然存在一定问题,基础设施领域的矛盾还很突出。无论是从资金来源上,还是管理要求上,基础设施领域的改革都势在必行,更加呼唤制度创新。公私合作制是当前基础设施领域改革的抓手,受到社会各界的广泛关注。当前,我国迎来基础设施领域公私合作制改革的新一轮热潮,在国务院的牵头下,财政部、发改委等部委积极致力于公私合作有关政策与法律法规的制定以及示范项目推广等工作,旨在解决我国基础设施领域存在的严峻的现实问题。

一直以来,我国的基础设施建设都由政府主导和垄断经营,政府部门是公共产品和服务的直接生产者和提供者。这种模式的弊端是,不但使政府面临巨大的财政支出压力,而且同时存在管理松散和效率低下等难题。随着社会与公众对于基础设施需求的不断增长,这种传统的由政府单独供给基础设施的模式显然已经不合时宜，世界范围内的公私合作模式的浪潮，让我国政府认识到转变思维模式的必要性与紧迫性。于是，具有资金、技术以及管理优势的私营部门与社会资本被引入基础设施建设领域，政府部门希望可以借此方式提高公共产品和服务的供给效率，从而满足社会公共利益的需求。

　　然而，与中央层面积极推进公私合作制的高涨热情形成鲜明对比的是，地方政府对于公私合作制的态度并没有那么积极，相反有点冷淡。尽管在中央政策的大力号召之下，大多数地方政府制定了各自关于 PPP 的"意见"和"通知"，也相应推出了大量的 PPP 项目，但是真正签约的 PPP 项目数量却少之又少。据有关统计，当前全国 PPP 项目签约率仅为 10% ~20%，此种现象值得引起我们的重视和反思。当前地方政府层面 PPP 项目落地难，其中固然有私营部门对于 PPP 项目缺乏了解，基于对利益高度关注的考虑不敢轻易试水等表面原因，但是应当更加注意，政府自身方面的深层原因才是影响 PPP 项目落实的关键。在当前中央强力反腐的大背景下，对于公私合作改革，一些国有企业和地方政府实际上是"心有畏惧"。概括来讲，就是政府部门害怕与私人部门打交道，其中的原因就是某些地方政府敢作不敢为，缺乏责任担当。

　　长久以来，政府部门抱有"官本位"的思想，政府及官员将行政权力当作"特权"来行使，对于经济关系也依然习惯运用行政命令与长官意志的方式去管理，忽视平等协商的作用。公私合作实践当中暴露出的种种问题显示，政府部门及官员对于权力的行使并不规范，而且极容易滥用权力，在操作不透明的情况下，就容易出现人情请托、利益输送以及灰色交易等。比如政府随意撤销赋予特许经营者的特许经营权，进而对特许经营者的利益造成损害；又比如，为满足政府部门利益或官员的个人私利，不惜纵容社会投资者利用公共服务的自然垄断特性乱收费、高收费等。某些地方政府和官员在公私合作的过程中很容易被经营者"俘获"，甚至出现权钱交易等寻租腐败的现象，严重影响了政府在公众心中的权威形象，导致出现危及政府合法性的苗头。而且，部分地方政府部门及主管官员缺乏能力和胆识，不具备公私合作的相关知识储备，只是盲目跟从中央或上级政府的政策导向，未能结合当地实际情况因地制宜。公私合作当中的失败案例，有很多是由于政府部门和官员的政治决策失误、审批延误等原因导致的。

更为严重的是，公私合作当中，部分地方政府部门及主管官员，责任意识淡薄，发生问题之后缺乏责任担当。由于很多地方政府和官员对于公私合作制的认识存有误区，将其简单定位于融资模式，把PPP当做融资工具，与私营部门合作的最终目的也只是解决自己的财政资金紧张问题，为了"甩包袱"。只想将风险进行最大限度的转移，实现政府利益的最大化，没有考虑或者无视公私合作中自己应该承担的责任。这将导致的结果就是，政府部门权责不分导致权责不清，出现问题之后，敢作不敢为，有时简单将责任推卸给私营部门，只想尽量减轻或逃避自己方面的责任承担。比如在社会投资者出现经营危机甚至影响公共服务项目正常运转时，政府部门往往缺乏救急措施，不但损害投资者利益，也危及社会公共利益。

但是应当看到，在当前建设"法治政府"与"责任政府"的背景下，要求政府就自己的行为向人民负责，实现权力与责任的统一。公私合作当中，更是对政府的作用提出了新的要求。政府作为公共利益的天然代表，在提供基础设施等公共产品和公共服务上具有不可推卸的责任。无论基础设施提供主体是否发生变化，是过去的政府独自供给，还是当前市场化之后的公私合作供给，应当明确的是，政府的责任不会消失，更不能有所松懈。公私合作，一方面限制了政府的行政权力和权利，另一方面要求政府不得不进行义务履行和责任承担。因此，政府要科学制定公共政策，并且规范自己权力的行使，更要勇于承担应有的责任。这都是当前我国政府在公私合作当中迫切需要解决的问题。

解决问题的关键就是对政府权力的行使进行规范，让政府敢作敢为，有担当，其中的重点就是反腐，即遏制政府部门及官员的滥用职权、权钱交易、利益输送、人情请托等现象。腐败的本质是政府没有正确行使人民赋予的权力，违背人民的意志。反腐需要依靠民主和法治。社会主义特色的市场经济是法治经济，其主体的经济行为与政府的管理行为都必须依法进行，都要受到法律的约束。

事实上，公私合作模式就是解决上述问题的较好的切入点。所谓公私合作制，本质上就是充分发挥公私部门各自的优势和特长，进行合作的合同安排。此种安排之下，由对市场敏感的私营部门负责工程建设和产业运营，发挥其筹集资金和技术管理上的优势，从而提高基础设施的经营效率；同时，需要政府部门摒弃传统行政管理的落后观念和方式，不过分干涉私营部门的具体运营环节，只在市场准入与退出、价格和质量等方面进行监管，督促私营部门向全社会提供符合广大公众利益和社会整体利益的公共产品和服务，这是公私双方在合同安排下的权利、责任和义务。可见，公私合作的特征是公私双方建立在合同基础上形成伙伴关系、共同分担风险、共同分享利益，本质上是一种契约关系。基础设施领域的公私合作制改革当中，需要排除政府部门对于行政权力的滥用，保护私营部门的合法权益，就需要运用契约关系的思路去规范和调整彼此的权利与义务，建立一个合理的契约环境。

在契约关系的框架中，公私部门通过合同条款对彼此的权利义务关系进行规范和约束。一方面，政府要严格按照契约规则办事，减少权力行使的随意性。另一方面，私营部门也不能随意违约，或者违反普遍服务原则，更不能为了攫取个人私利，随意降低服务质量或提高服务价格，缺失应有的企业社会责任。双方在合同中就各种风险根据各自的承受能力和控制能力进行合理分担，并且对于各自的责任做到切实履行，若有不忠实契约的行为出现还将受到相应的惩戒。政府违约与企业违约一样，也要受到约束和惩罚。在合同的约束下，公私部门在平等协商、诚实守信、共担风险的基础上，实现利益共享。同时，政府的监管要依托于合同进行，以遵循市场经济规律为前提作出各项决定，而不是简单凭借行政权力发布行政命令。可以说，公私合作的成功与否与契约关系执行程度的好坏存在密切的关系。另外，正视公私合作中存在的契约关系，有助于改变政府对于公众利益不够重视的情况，这是由政府与社会公众之间存在的隐性的社会契约关系所决定的。过去政府部门在进行公共决策时过于封闭，以公众缺乏专业知识为由排斥和限制公众参与，导致公众利益表达缺失，公众利益得不到保障。当前，公私合作契约环境下，政府部门作为天然责任人履行公共职责时同样也要受到公众利益的约束。

1.1.2 研究意义

长久以来，"公私合作制"都是学术界和理论界关注的热点问题。本书在吸收前人优秀研究成果的基础之上，主要进行基础设施领域公私合作契约关系的研究，具有一定的理论意义与现实意义。

1. 理论意义

本书对基础设施领域公私合作契约关系的研究，有助于推动公私合作制的理论研究，理论意义主要有以下几点：

其一，分析基础设施领域公私合作制的基本原理。本书对"基础设施"、"公私合作制"等进行概念界定，并且结合公私合作制的相关理论，包括公共产品理论、公共选择理论、委托代理理论以及治理理论等，为公私合作制的研究寻找理论支撑。

其二，立足公私合作契约关系的理论研究。本书对基础设施领域公私合作当中存在的三种契约关系进行理论探讨，并且对契约主体存在的角色困境进行理论分析，这有利于从理论上认清公私合作的本质以及公共部门、私营部门以及社会公众三者之间的关系，并且为三者之间的关系处理寻找合适路径。

其三，对于特许经营合同法律性质的理论探讨。针对当前特许经营合同的法律性质存在争议的现状，本书通过法理分析，指出不同法律部门的不同主旨与公私法严格划分理论是其存在争议的主要原因。对于特许经营合同的法律属性，本书认为应该运用经济合同理论进行分析。

其四，在对公私合作契约本质认识的基础上，本书按照契约现实运作的程序，运用合同理论对公共部门与私营部门在公私合作当中的具体行为进行审视，针对公私部门在合同的不同阶段存在的各种问题，努力寻求问题解决与完善的对策。

2. 现实意义

其一，有助于提供公共服务，加快政府职能转变。基础设施是社会与经济运行必不可少的公共产品，具有公共属性，政府有责任进行提供。国家政策指出，公私合作可以促进政府加快实现职能的转变。[①] 公私合作具体契约关系中，政府部门不再过多涉及具体项目的建设和运营，避免了专业技术以及人员配置上由于低效导致的资源浪费，降低了管理和运营的成

---

① 《财政部关于推广运用政府和社会资本合作模式有关问题的通知》指出，"推广运用政府和社会资本合作模式，是加快转变政府职能、提升国家治理能力的一次体制机制变革。"

本，减少了财政支出压力。同时，政府在项目规划和审批、全程监管上的责任得到加强，通过明确分工，政府的职能得到了调整。政府的发展规划、市场监管与公共服务职能，与企业的技术创新与管理效率有机结合，政府在微观领域的过度参与减少的同时，公共产品和服务的质量和效率得到了提高。这种建立在合同关系基础之上的公私合作，有利于政府简政放权，实现政府职能的转变，提高政府执政能力和水平。公私合作的过程，有助于让市场在资源配置中发挥决定性作用，厘清政府与市场的边界。

其二，促进投资主体多元化，加快投融资领域的市场化改革。长期以来，由政府主导的财政资金投入模式是我国基础设施建设的主要模式。这种单一主体的投资模式，难免引起各种现实问题，不但引发政府财政资金的巨大压力，还产生管理松散和效率低下等弊端。缺乏合作与监督的单一主体已经不再适合基础设施等公共产品和服务的供给，解决的思路就是通过促进投资主体的多元化。通过公私合作契约关系中对投融资机制的设计，营造良好的投融资环境，鼓励包括社会资本在内的多个投融资主体参与，强调政府、市场、社会等多元主体之间的良性互动，协同各个融资主体支持建设，由政府主导变为政府引导。

其三，引导非公有制经济发展，发展混合所有制经济。十八届三中全会，强调混合所有制是"我国基本经济制度的重要实现形式"，并将其提升到战略性高度。法治保证现代股份制的制度下，公有的与非公有的产权融合到企业内部的产权结构当中，力求实现利益主体的共赢。国务院发布《关于国有企业发展混合所有制经济的意见》，其中鼓励各类资本参与国有企业的混合所有制改革，认为公私合作制可以加快国企混合所有制的改革进程。可见，公私合作契约关系下的公私合作制符合混合所有制经济的发展要求，是一种制度供给的创新。

1.2 研究综述

国内外学者对于基础设施领域公私合作制方面的研究，主要集中在基础设施领域公私合作制的机理研究，基础设施领域公私合作制的合作框架研究以及基础设施领域公私合作制的实证研究三个大的方面。

1.2.1 国外研究状况

1. 关于基础设施领域公私合作制的机理研究

部分国外学者研究公私合作制在促进政府职能转变和公共职责方面的作用。雅各布斯（Jacobs，1996）认为，公私合作模式之所以能够在当今欧洲经济发展和竞争中占据核心领域，是因为公私合作模式可以整合各方不同利益，促进革新。[①] 博勒加德（Beauregard，1998）通过研究美国采用公私合作模式的原因发现，美国地方政府在城市建设和管理方面面临的愈发沉重的财政负担是导致公私合作关系出现的直接原因。[②] 格里姆塞和刘易斯（Grimsey and Lewis，2002）认为，澳大利亚公私合作模式发展初期不是在联邦层面推行的，而是在各州层面推行的，这与美国有相同之处。而英国和荷兰则是从国家推广到地方政府的。这其中的原因与各个国家的政治体制相关，欧洲国家政府模式比较集权化，而美国各州与联邦的关系则相对分散。[③] 费舍尔（Fischer，2011）认为多方参与公私合作项目，能够帮助政府有效突破债务的限制和约束，加强政府信守合同的意识。[④]

国外有学者在公私合作弥补基础设施建设资金不足、降低政府支出方面也进行了研究。欧文·大卫（Irwin David，1987）调查基础设施领域公私合作模式在美国一些县市的开展经验，结果表明，节省投资成本、缺乏专业知识以及节省运营费用这三种原因最被经常提及。[⑤] 达霖·格里姆赛和默文·刘易斯（Darrin Grimsey and Mervyn K. Lewis，2002）认为，公共资金有限，是政府允许私营部门参与基础设施建设，并让其负责融资、建

① See Jacobs B., "Networks, Partnerships and European Union Regional Economic Development Initiatives in the West Midlands", *Policy & Politics*, Vol. 25, No. 1 (1996), pp. 39 – 50.

② See Beauregard, R. A., "Public-private Partnerships as Historical Chameleons: The Case of the United States", in J. Pierre (ed.) *Partnerships in Urban Governance – European and American Experience*, New York: St Martins Press, 1998, pp. 172 – 185.

③ See Grimsey D., Lewis M., "Accounting for Public Private Partnerships", *Accounting Forum*, Vol. 26, No. 3&4 (2002), pp. 245 – 270.

④ See Ronald Fischer, "The Promise and Peril of Public – Private Partnerships: Lessons from the Chilean Experience", *the International Growth Centre Working Paper* 1/0483 June 2011.

⑤ See T. Irwin David, "Privatization in America", *Business Horizons*, Vol. 31, No. 1 (1987), pp. 11 – 17.

设和运营的主要原因。① 冯·赫什森（Von Hirshhausen，2003）认为，采用公私合作制进行基础设施建设，在融资和运营领域将有效解决市场失灵现象。②

有部分国外学者认为公私合作模式可以提高基础设施运营的效率。史蒂文斯（Stevens，1984）通过对公私部门的效率进行研究，发现之所以政府和私人部门在成本方面存在很大不同，是因为，公共部门在角色任务界定、工作标准设定以及责任追求方面，与私营部门相比缺乏原则或者原则难以执行和落实。③ 恩格尔等（Engel et al.，1997）通过具体案例的研究，发现基础设施建设进行特许经营具有巨大优势，具体而言包括，促进效率提升，易于融资、减少降低收费的政治压力以及避免"白象"项目（即"White Elephant"，指本身贵重需要高额费用维持，但却难以产生巨大经济效益的资产）。④ 阿基托耶（Akintoye et al.，2008）认为公私合作模式可以为政府带来高效和创新的管理方式，促进政府整体规划能力的提高，缩短项目运作周期、降低项目执行成本，利用私营部门技术、管理和经验，同时实现向私营部门转移部分风险的目的。⑤ 达霖·格里姆赛和默文·刘易斯（2008）认为基础设施领域采用公私合作模式，合同安排中的激励机制和约束机制可以提升基础设施服务的运作效率。⑥

2. 关于基础设施领域公私合作制的合作框架研究

国外学者关于公私合作合同设计的研究。汤普森和佩里（Thompson and Perry，1988）认为，特定的公私合作项目需要制定特定的合同条款，按照条款约定，遵守合同的当事人可以获得激励，而违约的当事人则会遭

---

① See Grimsey D., Lewis M. K., "Evaluating the risks of public private partnerships for infrastructure projects", *International Journal of Project Management*, Vol. 20, No. 2（2002）, pp. 107 – 118.

② See Hirschhausen C. V., "Modernizing Infrastructure in Transformation Economies: Paving the Way to European Enlargement", *Social Science Electronic Publishing*, Vol. 33, No. 4（2003）, pp. 577 – 579.

③ See Barbara Stevens, "Comparing public-and private-sector productive efficiency: An analysis of eight activities", *National Productivity Review*, Vol. 3, No. 4（1984）, pp. 395 – 406.

④ See Engel E., Fischer R., Galetovic A., "Highway Franchising: Pitfalls and Opportunities", *The American Economic Review*, Vol. 87, No. 2（2010）, pp. 68 – 72.

⑤ See Akintoye A., Beck M., Hardcastle C., "Chapter13. Public – Private Partnership Projects in the USA: Risks and Opportunities", *Public-private partnerships: managing risks and opportunities*, Blackwell Science Ltd, 2008, pp. 286 – 300.

⑥ See Darrin Grimsey, Mervyn K. Lewis 著：《公私合作伙伴关系：基础设施供给与项目融资的全球革命》，济邦咨询公司译，中国人民大学出版社 2008 年版，第 239～240 页。

到惩罚。这对于减少道德风险和投机行为十分有利，从而有利于实现保护利益相关者合法权益的目的。① 丹尼尔斯（Daniels et al.，1996）通过对项目进行分析发现，公私合作制的合同框架和制度是影响 PPP 效率的重要因素之一。② 勒斯克和布朗（Lusch and Brown，1996）认为，公私合作项目当中，正式合同尽管也存在缺陷，例如考虑不周全、盲点等，但是合作双方可以通过协商与谈判尽量明确双方的权利、义务和责任，从这个意义上来讲，正式合同能够减少交易风险的发生和不确定性。③ 萨瓦斯（E. S. Savas，2002）认为，民营化可以提高公共服务的供给效率，而合同是基础设施和公用事业民营化的主要形式。④ 嘉丝奇（Guasch，2006）认为，有效的合同规制体系的建立能够减少合同再谈判问题发生的可能性。但是如果合同再谈判问题真的发生，PPP 将可能对面临低效率的风险，公私合作伙伴之间的缺乏信任以及项目本身的不确定性等因素都可能会加剧公私合作的失败。⑤ 埃伯哈德（Eberhard，2008）总结发展中国家发展公私合作模式的经验，发现其存在制度薄弱、机构能力缺乏等问题。政府官员在对规则进行解释或者监督外聘顾问方面，缺乏相应的业务能力。此种情况下，如果对公私合作项目的详细规则的制定和修改灵活度过大，可能导致效率低下。更多地借鉴国际经验，降低规则修订的频率反而是更好的选择。⑥

国外学者关于公私合作制中风险、激励和绩效的研究。詹森和罗宾（Jensen and Robin，2005）研究了基础设施项目中外部合同的激励和绩效

---

① See Thompson P. A. , Perry J. G. , "Contract strategy in the 1990s", *Proceedings of the 9th World Congress on Protect Management Glasgow*, No. 9 (1988), pp. 54 – 62.

② See Daniels R. J. , Trebilcock M. J. , "Private provision of public Infrastructure: An Organization Analysis of the Next Privatization Frontier", *The University of Toronto Law Journal*, Vol. 46, No. 3 (1996), pp. 375 – 426.

③ See Lusch R. F. , Brown J. R. , "Interdependency, Contracting, and Relational Behavior in Marketing Channels", *Journal of Marketing*, Vol. 60, No. 4 (1996), pp. 19 – 38.

④ 参见［美］E. S. 萨瓦斯：《民营化与公私部门的伙伴关系》，周志忍等译，中国人民大学出版社 2002 年版，第 150～152 页。

⑤ See Guasch J. L. , Straub S. , "Renegotiation of infrastructure concessions: an overview", *Annals of Public & Cooperative Economics*, Vol. 77, No. 4 (2006), pp. 479 – 493.

⑥ See Eberhard A. , "Matching regulatory design to country circumstances: the potential of hybrid and transitional models", *World Bank Other Operational Studies*, Gridlines Note 23, PPIAF, Washington, DC. May, 2007, pp. 1 – 4.

问题。① 依普索·莫瑞社会研究所（Ipsos Mori Social Research Institute, 2009）认为，在公私合作模式发展成熟的国家，早期的 PPP 合同表明，合同的各方对于利益相关性的认识十分明确，这使他们不会破坏对项目绩效具有决定性作用的由正式合同所建立的机制。②

国外学者关于公私合作制中政府管理或治理的研究。莱斯特和威廉姆森（Lester and Williamson, 1975）认为，公私合作中合同治理模式存在较大缺陷，这就是权力的分散和断裂，并由此可能导致政府监管成本的增加。③ 奥尔森（Olson, 1997）认为，公私合作当中，合同将政府、私营部门以及第三部门联系在一起，公共部门和私人部门在使命和目标函数上的差异，导致公私双方行为上的差异。立法和司法的限制、工作方法预计传播媒介的影响等因素都是政府合同治理方面存在的问题。④ 埃尔哈特（Ehrhardt, 2007）认为清晰而详尽的合同在公私合作当中无疑十分重要。无论是作为监管的核心，还是仅属于监管的个别要素。⑤

3. 关于基础设施领域公私合作制的实证研究

基础设施领域采用公私合作制以后，其具体的应用效果也成为许多国外专家研究的对象。马林（Marin, 2009）通过对世界各地发展中国家的 65 个大型供水 PPP 项目进行研究，得出结论：私营企业经营项目中公私合作模式的引入，可以提高运营效率，改善服务质量。⑥ 郑（Zheng et al., 2010）对于污水处理厂 BOT 案例进行详细分析，从特许权合同、采购方式、融资结构以及风险管理机制等不同方面，分别论述公私合作制为公私

---

① See Jensen P. H., Stonecash, Robin E., "Incentives and Efficiency of Public Sector Outsourcing Contracts", *Journal of Economic Surveys*, Vol. 19, No. 5 (2005), pp. 767 – 787.

② See Ipsos Mori Social Research Institute, *Investigation the Performance of Operational Contracts*, https://www.ipsos-mori.com/researchspecialisms/socialresearch.aspx, last visited at 8/02/2016.

③ See Salamon, Lester M., Elliott O. V., *The Tools of Government Action: A Guide to the New Governance*, New York: Oxford University Press, 2002, pp. 425 – 428.

④ 参见格雷厄姆·T·奥尔森：《国外公共行政理论精选》，彭和平等译，中国中央党校出版社 1997 年版，第 339~340 页。

⑤ See Eberhard A., "Infrastructure regulation in developing countries: an exploration of hybrid and transitional models", *Public*, 2006, pp. 15 – 16.

⑥ See Marin P., "Public – Private Partnerships for Urban Water Utilities: A Review of Experience in Developing Countries", *Trends and Policy Options*, No. 8 PPIAF, The World Bank, 2009, pp. 123 – 128.

部门带来的利益。① 赫瑞维和哈吉侯赛尼 （Heravi and Hajihosseini，2012）结合公私合作模式在伊朗高速公路中的应用，提出了 PPP 项目的风险分担模型，这对发展中国家具有很强的现实操作性。② 古尔贡和途安 （Gurgun and Touran，2013） 研究了 PPP 模式在土耳其近 30 年的应用状况，提出应当根据不同国家的政治、经济以及法律等选择 PPP 模式的应用。③

　　基础设施领域采用公私合作模式后存在的问题，也受到部分国外学者的关注。嘉丝奇 （Guasch，2004） 认为导致公私合作再谈判的发生与成本增加是由于存在合同的设计不足与实施不足等问题，这是他从美国和加勒比海的 PPP 项目中总结出的经验和教训。④ 欧文 （Irwin，2007） 通过总结给政府造成重大财政风险的 PPP 案例，发现政府对基础设施 PPP 项目提供担保是其主要原因，这种教训应当吸取。⑤ 阿布兰特什·蒂·索萨 （Abrantes de Sousa，2011） 对葡萄牙开展公私合作失败的原因进行分析。发现该国公私合作契约之所以出现巨大的财政风险，是因为该国政府对于公私合作模式的使用无序，这也是导致 2011 年葡萄牙发生财政危机的直接原因。另外，对于预算限制的突破，实际上是该国政府发展公私合作模式的主要动因。⑥

1.2.2　国内研究状况

1. 关于基础设施领域公私合作制的机理研究

公私合作在促进政府职能转变方面的作用受到国内部分学者的关注。

① See Zheng S., Tiong R., "First Public – Private Partnership application in Taiwan's wastewater treatment sector: case study of the Nanzih BOT wastewater treatment project", *Journal of Construction Engineering and Management*, Vol. 136, No. 8 (2010), pp. 913 – 922.

② See Heravi G., Hajihosseini Z., "Risk Allocation in Public – Private Partnership Infrastructure Projects in Developing Countries: Case Study of the Tehran – Chalus Toll Road", *Journal of Infrastructure Systems*, Vol. 18, No. 3 (2012), pp. 210 – 217.

③ See Gurgun A. P., Touran A., "Public – Private Partnership Experience in the International Arena: Case of Turkey", *Journal of Management in Engineering*, Vol. 30, No. 6 (2014), pp. 29 – 30.

④ See Guasch J. L., "Granting and Renegotiating Infrastructure Concession: Doing It Right", *World Bank Publications*, 2004, pp. 23 – 32.

⑤ See Irwin T., "Government Guarantees: Allocating and Valuing Risk in Privately Financed Infrastructure Projects", *World Bank Publications*, 2007, pp. 11 – 31.

⑥ See Sousa D., Abrantes M., "Managing PPPs for budget sustainability: The case of PPPs in Portugal, from problems to solutions", *Journal of Tribology*, Vol. 138, No. 4 (2011), pp. 273 – 275.

曹远征（2008）认为，发生在基础设施领域的公私合作制的制度变迁是一种诱导性的制度变迁，从微观制度入手，是一种帕累托最优的改进的渐变形式。基础设施投融资的金融创新是其集中反映。① 贾康和孙洁（2014）认为，当前我国新型城镇化进程不断加快，公私合作模式作为一种融资模式，是其有效的资金来源。公私合作模式在提高公共产品与服务效率的同时，可以减轻政府财政支出压力，并且还能为企业的生存和发展开拓空间，正所谓实现了"多方共赢"。②

国内部分学者关于公私合作制在弥补基础设施资金不足，降低成本，减轻政府财政压力方面的作用也进行了研究。孙洁（2013）认为国家财政难以独自承担新型城镇化所需的巨额资金，基础设施领域的建设需要以财政资金为杠杆，撬动社会资本共同参与，也就是运用得到发达国家普遍认可的 PPP 模式。③ 黄拥政（2014）认为公私合作制是基础设施建设中引入社会资本，减轻财政负担的有效手段。它的作用体现在可以帮助基础设施项目进行融资，所产生的服务收入可以更多地用于支持基础设施项目建设。④

国内部分学者关于公私合作提高公共产品和服务的供给效率方面的研究：胡静林等（2006）认为农村基础设施建设采用公私合作制，可以有效解决资金不足和管理低效等问题，比公共部门直接投资效果更加显著。⑤ 赖丹馨、费方域（2009）认为，PPP 是由政府部门发起，在公私部门之间建立的基于特定基础设施项目的长期的合同安排，旨在整合私营部门的优势提供基础设施及公共服务。通过分析比较，得出与传统公共服务供给效率相比，PPP 模式下的公共服务效率更高。并在不完全合同框架下，分析比较 PPP 模式下基础设施项目中的激励机制，认为采用 PPP 模式进行基础

---

① See Darrin Grimsey，Mervyn K. Lewis 著：《公私合作伙伴关系：基础设施供给与项目融资的全球革命》，济邦咨询公司译，中国人民大学出版社 2008 年版，序第 6 页。

② 参见贾康、孙洁：《公私合作伙伴机制：新型城镇化投融资的模式创新》，载《中共中央党校学报》2014 年第 1 期，第 64 ~ 71 页。

③ 参见贾康、孙洁：《我国基础设施建设急需采用 PPP 模式》，载《中国财政》2013 年第 18 期，第 39 页。

④ 参见黄拥政：《PPP 模式应用与推广的战略思考》，载《湖南财政经济学院学报》2014 年第 3 期，第 24 页。

⑤ 参见胡静林、周法兴：《PPP 模式在新农村基础设施建设中的应用》，载《中国财政》2006 年第 9 期，第 47 页。

设施建设应当将合同风险和缔约成本考虑在内。[①] 何寿奎（2010）通过研究发现，公共项目采用公私合作制，对于减轻政府资金压力以及提高政府投资管理效率都有十分明显的作用。[②]

2. 关于基础设施领域公私合作制的合作框架研究

国内学者关于公私合作制中合同机制方面的研究：王秀芹等（2007）通过对国外 PPP 模式实践经验的总结，立足中国国情，研究和分析影响 PPP 模式成功的关键因素。认为，PPP 成功的关键是要求政府职能合理行使与特许经营合同中对责权利的分担。[③] 赖丹馨、费方域（2009）认为，PPP 模式具有风险转移、责任整合及不完全缔约等三个主要特征。因此，设计适当的合同及规制体系，实现合同双方风险和收益的平衡，是提高公共服务效率的关键。[④] 张丽娜（2009）认为，公用事业市场化改革采用公私合作制这种新型的公共产品或服务提供方式，对于政府管理来讲是一项挑战，因为政府不能像过去那样单纯依靠指令和计划对市场主体实施管理，而是应当根据合同实施行政干预。因此，我国城市公用事业市场化改革应当运用合同进行规制，而独立的规制机构和专业完善的法律体系是合同规制实施的有效制度环境。[⑤] 陈创（2015）指出，PPP 项目由一系列合同构成，包括项目合同、股东协议、履约合同、融资合同、保险合同等，其中公私部门签订的项目合同是整个合同体系的核心和基础，合同中双方权利义务关系的互动对整个 PPP 项目的运作更是会起到直接影响。因此，从项目合同主体、项目合同内容、政府承诺限制以及争议解决方式等合同相关方面指出现存问题并给出对策建议。[⑥]

国内学者在激励机制和风险管理机制方面的研究：柯永建等（2009）

[①] 参见赖丹馨、费方域：《不完全合同框架下公私合作制的创新激励——基于公共服务供给的社会福利创新条件分析》，载《财经研究》2009 年第 8 期，第 79 页。

[②] 参见何寿奎：《基于管理效率的公私合作项目伙伴选择与激励机制》，载《数学的实践与认识》2010 年第 8 期，第 1 页。

[③] 参见王秀芹、梁学光、毛伟才：《公私伙伴关系 PPP 模式成功的关键因素分析》，载《国际经济合作》2007 年第 12 期，第 59 页。

[④] 参见赖丹馨、费方域：《公私合作制（PPP）的效率：一个综述》，载《经济学家》2010 年第 7 期，第 97 页。

[⑤] 参见张丽娜：《我国城市公用事业市场化中实施合同规制的问题分析》，载《中国行政管理》2009 年第 11 期，第 53 页。

[⑥] 参见陈创：《PPP 合同有关法律问题》，载《宁波经济丛刊》2015 年第 4 期，第 20 ~ 21 页。

认为在基础设施领域 PPP 模式当中，要想吸引私营部门投资，需要政府提供激励措施。案例和问卷调查的结果表明，私营部门充分肯定各种激励措施的有效性，其中税收减免最被认同，而政府投资赞助认同感最低。[①] 杨文宇（2010）认为与一般工程项目相比，PPP 项目面临的风险更大，风险因素更为复杂，风险管理的好坏直接决定 PPP 项目的成功与否。因此，为了更好地利用 PPP 模式为我国基础设施建设出力，应该在 PPP 项目的整个生命周期内，都要始终贯穿动态的风险管理。[②]

国内学者关于政府管理与治理方面的研究。范柏乃、胡超君（2010）认为 PPP 模式的内在价值与地方治理理论的本质内涵具有一致性，可以运用地方治理理论对 PPP 模式进行研究和分析。PPP 模式要实现良性运行，必须改变项目权力配置失衡、公私部门关系失调以及风险分配机制缺失等困境，充分符合地方治理理论的三个重要向度即多元的权力资源主体、平等的公私部门关系以及多样的利益目标追求。[③] 韩龙、魏超（2012）指出对于 PPP 的现有研究多数集中在风险分配方面，公众利益问题较少受到关注。由于公众参与与监督机制的缺乏，私方投资者行为可能会损害公众利益。然而，宪法与行政法在这方面存在救济障碍，私法领域的侵权法中公众诉讼的成功率也很低。因此，他提出合同法上的第三方受益人规则为公众利益寻求救济途径。[④] 毕蕾（2015）认为，随着特许经营的 PPP 模式在我国公用事业领域的广泛应用，同时也暴露出一系列问题。应当认识到 PPP 模式中各方之间的关系是一种契约关系。应当按照契约的方式进行治理，并从项目投融资模式、所有权规制等方面提出具体的契约治理建议。此外，政府还应从提升政府能力，完善公众参与机制以及提高监管能等方面进行努力。[⑤]

---

① 参见柯永建、王守清、陈炳泉：《私营资本参与基础设施 PPP 项目的政府激励措施》，载《清华大学学报》（自然科学版）2009 年第 9 期，第 1480 页。

② 参见杨文宇：《基础设施 PPP 项目的全生命周期动态风险管理探析》，载《项目管理技术》2010 年第 6 期，第 39 页。

③ 参见范柏乃、胡超君：《地方治理理论视域下 PPP 模式在中国的运行困境及优化路径》，载《中共杭州市委党校学报》2011 年第 6 期，第 33 页。

④ 参见韩龙、魏超：《运用第三方受益人规则解决 PPP 中公众利益关切之探索》，载《云南大学学报》（法学版）2012 年第 5 期，第 108 页。

⑤ 参见毕蕾：《公用事业特许经营 PPP 模式的契约治理研究》，载《现代商业》2015 年第 22 期，第 55 页。

3. 关于基础设施领域公私合作制的实证研究

国内有部分学者就公私合作模式的现实运作进行研究，以求有利于理论研究与现实实践。李静华、李启明（2007）认为作为准公共产品的轨道交通领域具有投资规模大和较强的公益特征，权衡和分配政府、私营部门以及公众三方利益是解决公益性较强的城市轨道领域 PPP 模式当前问题的关键所在。并以北京地铁四号线为例，详细分析 PPP 模式项目的经济风险因素，力求实现多方共赢。① 章志远、朱志杰（2011）通过对我国公用事业 40 起特许经营典型事例进行实证分析，发现特许经营制度的改革定位，政府的诚信意识，政府利益衡量的周全程度以及政府的后续监管能力，都是影响特许经营制度运作的关键因素。由此提出应当在风险防范意识，完善法律规范体系和提升政府监管能力等三方面努力确保公用事业特许经营制度健康发展。② 李晓婷、汪冀（2012）针对我国城市污水处理资金短缺与设施不足的现状，探讨 PPP 融资模式在该领域的应用。通过结合国内外已有的成功案例，并立足我国实际情况，说明我国污水处理领域推行公私合作模式具有广阔的前景。③ 李长军、高存红（2014）通过对 PPP 模式在国家体育场（鸟巢）项目的应用进行分析，论述公开招标作为 PPP 项目实施的有效途径。④

国内有学者对公私合作模式在实践中存在的问题进行研究：柯永建等（2008）通过对英法海峡隧道项目的风险分担进行分析，发现项目公司承担了许多无法控制的风险是其破产的主要原因，并提出具体的风险承担方式。⑤ 陈玲（2014）以中国台湾高铁 BOT 项目为例，总结经验与教训，即市场化所倡导的公私部门之间风险最佳分配原则在现实中因为种种制约难以实现。台湾高铁项目为大陆高铁改革提供了启示，那就是即便 PPP 模式

① 参见李静华、李启明：《PPP 模式在我国城市轨道交通中的经济风险因素分析——以北京地铁四号线为例》，载《建筑经济》2007 年第 10 期，第 23 页。
② 参见章志远、朱志杰：《我国公用事业特许经营制度运作之评估与展望——基于 40 起典型事例的考察》，载《行政法学研究》2011 年第 2 期，第 58 页。
③ 参见李晓婷、汪冀：《基于 PPP 模式的城市污水处理工程投融资研究》，载《中国环境管理干部学院学报》2012 年第 1 期，第 41 页。
④ 参见李长军、高存红：《PPP 模式在国家体育场（鸟巢）项目的应用分析——试论公开招标是 PPP 项目实施的有效途径》，载《招标采购管理》2014 年第 11 期，第 19 页。
⑤ 参见柯永建、王守清、陈炳泉：《英法海峡隧道的失败对 PPP 项目风险分担的启示》，载《土木工程学报》2008 年第 12 期，第 97 页。

转移了政府不擅长的各种风险，但是应该明确必须以政府培育充分能力克服制约因素的前提下，改革才能取得最终成功。① 贾康、孙洁等（2014）对我国国内最早采用 BOT 方式建设的刺桐大桥 BOT 项目进行研究，在调查的基础上指出刺桐大桥项目在启动和运营方面存在各种问题，原因之一就是项目凭据只有政府的红头文件，缺乏契约的有效保护。进而提出相应的解决办法，即形成中期补充契约，弥补原来的契约缺位。并强调我国促进 PPP 的发展和创新，法治化契约制度建设十分必要。②

1.2.3　现有研究状况的总结与反思

通过以上总结可以发现，国内外学者对于基础设施领域进行公私合作制的关注和重视，并进行了深入和广泛的研究工作。可以看出，国内外学者对于公私合作制在基础设施领域的作用基本持肯定态度。政治、经济、文化和社会发展水平的不同，导致各国学者对公私合作制研究的具体关注点也有所不同。但是应该明确的是，与国外学者的研究相比，我国学者在基础设施领域公私合作方面的研究还有一定差距，主要有以下问题：

1. 基础性理论研究不足

可以发现，公私合作制的内涵、特征以及基本模式等是国内学者比较热衷的研究对象。公私合作制在促进政府职能转变，减轻财政负担，弥补财政资金不足以及提高供给效率等方面等功能和机理，也受到国内学者很大的关注。但是对于以上问题，国内学者多从经济学和管理学等学科角度进行研究，缺乏从法学角度进行基础性理论研究。

2. 针对性研究不足

公私合作制发源于发达国家，由于各国国情和制度不同，发达国家的经验在我国可能并不完全适用，需要在修正的基础上进行借鉴吸收。当

---

　　①　参见陈玙：《有限理性、公共问责与风险分配：台湾高铁市场化的失败与启示》，载《武汉大学学报》（哲学社会科学版）2014 年第 2 期，第 29 页。
　　②　参见贾康、孙洁等：《PPP 机制创新：呼唤法治化契约制度建设——泉州刺桐大桥 BOT 项目调研报告》，载《经济研究参考》2014 年第 13 期，第 43 页。

前，我国学者关于公私合作制研究方面，介绍国外经验者很多，但是能够做到结合我国国情，分析我国问题的有针对性的研究却不多。

3. 系统性研究不足

公私合作制是一项系统工程，其中涉及设计、融资、建设、运营、维护等不同项目阶段；包括政府、私营部门以及公众等不同的参与主体；还涉及公众参与、政府监管以及合同规制等不同技术方面。但是当前国内学者的研究比较散乱，大多数研究集中在具体项目的决策和管理，包括风险分担，激励措施和绩效评价等，总体上缺乏系统性的研究。

1.3 研究内容和研究方法

1.3.1 研究内容

第1章导论。首先介绍选题背景、研究的理论意义与现实意义，以及国内与国外的研究状况，并对现有研究状况进行总结。其次说明本书的研究内容和研究方法，最后阐明本书的创新点和不足之处。

第2章基础设施领域公私合作契约关系的基本原理。首先是相关概念的界定，具体包括"基础设施的概念"、"公私合作制"、"公私合作契约关系"等，其次介绍基础设施领域公私合作制的理论基础，包括公共产品理论、公共选择理论、委托代理理论以及治理理论等。

第3章基础设施领域公私合作制国内外发展历程及现状。首先系统介绍当今世界上公私合作模式发展较为成熟的典型国家的发展历程和现状，总结其先进经验，主要包括英国、澳大利亚、加拿大等国家。然后对比介绍我国的公私合作制的改革历程和应用现状。

第4章公私合作契约关系的结构与契约主体的角色困境。公私合作当中存在多重契约关系，公私合作契约关系的基本结构是，公共部门与公众之间的契约关系、公私部门之间的契约关系以及私营部门与公众之间的契约关系。但是应当注意，公私合作多重契约关系下，契约主体面临着各自的角色困境，分别是：私营部门的角色困境，表现为市场失灵和社会责任缺失；政府的角色困境，表现为政府多重角色之冲突；公众角色困境，表现为公众参与缺失。

第 5 章我国基础设施领域公私合作契约的现实运作问题。公私合作契约在现实运作中，主要通过公私部门之间的具体合同形式进行。因此这个部分按照合同各个阶段的进展顺序进行分析，分别是：合同主体价值理念矛盾问题；合同订立中存在的问题，具体包括交易相对人的选择问题和缔约过失问题；合同履行中存在的风险问题，重点论述政治风险与市场风险；合同终止存在的问题，主要分为私营部门行为终止合同存在的问题和政府行为终止合同存在的问题；合同的争议解决存在的问题，讨论的重点为特许经营协议性质的争议和争议解决方式的实践难题；另外，契约现实运作中还应注意政府监管和公众参与的问题。政府监管的问题，主要包括政府监管机构问题、市场准入与退出的监管问题、政府对于安全与公平的监管问题以及监管者政府自身存在的问题。公众参与的问题，主要包括公众参与的范围和程度受到不同程度的限制等问题。

第 6 章我国基础设施领域公私合作契约现实运作的完善对策。针对当前公私合作契约现实运作存在的问题，依然应当按照合同进展的顺序进行完善，首先是合同主体价值理念的整合。然后在合同订立阶段，要注意交易相对人的妥善选择和缔约过失责任的承担；合同履行中的风险分担，要把握风险承担的基本原则，但是由于存在风险分配原则的现实限制，进而提出风险防范的基本对策；合同终止中，要规范合同双方解除权的行使，并且应当注意完善临时接管制度和建立合理的补偿机制；合同争议解决方面，通过对特许经营协议争议进行法理分析，进而提出其经济合同性质的重新定位，更注意到加强争议解决的可操作性的现实迫切性；政府监管方面，加强对监管机构的设置和协调，除了在市场准入与退出、公平与安全上完善政府监管的同时，也要注意对监管者的监管，这就需要建立监管者的问责制；公众参与方面，需要提高公众参与公共决策的积极性，并且拓展公众参与的深度和广度。

1. 3. 2 研究方法

1. 文献研究法

本书对国内外有关公私合作制的文献和资料的进行了广泛收集，其中包括大量的期刊、专著、报纸以及网络资源等，在此基础上进行整理与分析，通过大量的文献阅读，归纳和总结出本书研究的理论基础，厘清了关于公私合作的概念和发展脉络，为本书的写作打下了坚实的基础。

2. 比较研究法

本书介绍当今世界范围内，基础设施领域公私合作制运用与发展较好的发达国家的理论与实践，通过对代表性国家公私合作制的发展历程与应用现状的分析、比较和总结，反思当前我国基础设施领域公私合作制运用存在的问题和不足，希望能为我国当前基础设施建设公私合作改革中具体问题的解决提供参考和借鉴。

3. 案例研究法

在本书的论述过程中，结合大量有关公私合作制的实践案例，进行具体问题的说明。这些案例中，有关失败案例的选取和论述占据较大部分，这是因为失败案例本身比较具有典型性和代表性，也更能说明公私合作在我国存在的现实问题，值得我们从中吸取更多的经验和教训，同时也能为以后的理论研究和实践操作提供更多参考。

1.4 创新和不足

1.4.1 创新之处

本书的创新之处主要有以下几点：

其一，将公私合作关系认定为契约关系。本书认为公私合作制是政府与私营部门之间注重权利义务分配基础上形成的合作关系，本质上是契约关系。当前，公私合作当中凸显出的诸多实践问题，也是未处理好公私合作契约关系的直接体现。因此，为了更好地促进公私合作制在我国基础设施领域的运用，本书主张我国基础设施领域公私合作制的现实运作应当按照合同的具体运作程序进行，契约关系处理得当有助于公私合作模式取得成功。

其二，提出特许经营合同的法律属性是经济合同。本书认为当前学术界针对特许经营合同性质存在争议的原因主要是受公私法严格分野的传统思想所局限，民法与行政法学者各自站在不同的法律部门的立场上，努力寻找说服自己和他人的根据。本书认为，应当突破传统公私法严格划分的固有思维，勇于面对当前经济社会大发展与"公私融合"的现实，因此大胆提出特许经营合同应当是具备"公私融合"性质的经济合同的观点。

其三，提出公私合作当中对于监管者的"问责制"监管。由于公私合作当中多重契约关系的存在，政府被赋予多重角色，除了作为活动的安排者、规则制定者、合作者还要作为监管者，可是政府多重角色也会出现冲突，导致政府失灵，产生寻租、被经营者"俘获"以及合法性危机等问题。这反映出监管者角色定位不清等自身局限，因此本书提出应当通过"问责制"对于监管者政府本身进行约束和规范。

1.4.2　不足之处

通过本文的写作，笔者发现本书的不足之处还有很多：

其一，研究深度上：因为PPP本身的复杂性，涉及内容十分广泛，囿于写作时间，加之本人研究水平有限等原因，总体上本书研究比较分散，不够深入；

其二，个人观点上：文中笔者提出的有些观点和看法还不够成熟，甚至有失偏颇，需要进一步商榷；

其三，资料收集上：本书在资料收集上尽可能追求全面，但是仍然难以穷尽，难免有所遗漏。

以上不足之处纵然遗憾，但是也为本人后续的研究留出了空间，本人也将继续努力加以完善。

第2章 基础设施领域公私合作契约关系的基本原理

随着公私合作制的大力推广，其重要的实践功能受到极大关注。实际上，实践活动背后往往蕴藏着深厚的理论基础，有理论基础作为支撑，实践活动才能运行深远。本章首先进行相关概念的界定，然后深入剖析公私合作制的理论基础，寻找公私合作制的理论根据。

2.1 相关概念界定

2.1.1 基础设施的概念

"基础设施"，即 infrastructure，来源于拉丁文"infra"（译为"底下、下面"）和"structure"（译为"结构、建筑"），[①] 主要指建筑物、构筑物的底层或下部结构。事实上，对于基础设施的概念，国外学者一直在进行研究和探讨。[②] 经过总结发现，国外经济学家对于基础设施概念的界定离不开一个词，即"Social Overhead Capital"，国内将其译为"社会先行资本"或"社会间接资本"等。

---

① 参见何盛明主编：《财经大辞典（上卷）》，中国财政经济出版社 1990 年版，第 942 ~ 943 页。

② 该词早期属于工程术语，20 世纪 40 年代末期，"基础设施"才作为文献用语在西方出现，经济学家主要将其运用于经济结构和社会再生产的研究当中，"基础设施"也主要被用来概括社会和经济中发挥基础作用的部分以及为社会生产提供一般条件的行业等。"基础设施"已经从工程术语转变为经济学术语。然而虽然被广泛使用，但是直到今天，基础设施却没有形成统一的概念。

"社会先行资本"的概念由平衡增长理论的创始人罗森斯坦·罗丹（Paul Rosenstein Rodan）在1943年最早提出。他的主要观点是，一个社会在一般产业投资之前，需要进行基础设施方面的准备和积累，解决发展中国家的工业落后、劳动生产率和收入水平低下等一系列问题的途径就是在以基础设施部门为代表的工业部门投入资本。[①] 1966年，他对自己的思想进行了深入阐述，认为社会先行资本是国民经济的基础和国民经济的分摊成本，要给包括电力、通信以及运输等所有基础产业创造投资的机会。[②]

美国学者罗根纳·纳克斯（Ragnar Nurkse, 1953）认为，社会先行资本在电力、电信、交通等原有含义的基础上，还应该将学校和医院包括进去。对于教育和医疗的重视，这是其比罗森斯坦·罗丹观点进步之处。

经过美国经济学家艾伯特·赫希曼（Albort Hirchman, 1958）的著作《经济发展战略》的研究，基础设施的概念有所深化。因为他认为基础设施区别于直接生产资本，属于社会间接资本，为国家产业发展所必需。与包括教育、法律等广义的社会间接资本相比，交通和动力等狭义的社会间接资本是基础设施的核心。[③]

库特纳（Kuttner）对于社会先行资本定义的阐释构成了基础设施的基本含义，其一是为工业生产服务，其二是服务的难以流动的特性，其三是规模经济性和持久耐用性的投资特点。

经济学家埃尔利赫（Erlich, 1981）提出，基础设施包括交通、道路、供水、服务、文化以及教育等，是为国家第一、第二、第三产业服务的经济部门总体。[④]

经济合作与发展组织（OECD, 1993）将基础设施分为三类，分别是供排水、电力、交通等经济基础设施；卫生、医疗、教育、科技等社会基础设施；行政管理和法律提供等行政基础设施。

世界银行发展报告《为发展提供基础设施》（1994）论证发展与基础设施的关系，认为基础设施分为经济基础设施和社会基础设施两大类。并

---

① See Rosenstein – Rodan P. N., "The Problems of Industrialization of Eastern and South – Eastern Europe", *Economic Journal*, Vol. 53, No. 210 – 211 (1943), pp. 202 – 211.

② 参见［奥］罗森斯坦·罗丹：《"大推进"理论笔记》，载 H. S. 埃利斯主编：《拉丁美洲的经济发展》，圣马丁出版社1966年英文版，第57~67页。

③ 参见［美］赫希曼：《经济发展战略》，曹征海译，经济科学出版社1991年版，第73~74页。

④ 转引自刘景林：《试论生产力时序》，载《学术交流》1985年第2期，第33页。

实际将基础设施主要界定为经济基础设施，主要包括三个方面的服务：公共设施，公共工程以及其他交通部门等。[①]

耶斯考比（E. R. Yescombe, 2012）按照实用性和形态的标准将基础设施分为两大类：即经济基础设施与社会基础设施；硬性基础设施与软性基础设施。[②]

与上述大多数学者认为基础设施属于有形资产不同，有些国外学者认为基础设施的概念还可以拓宽。如，冯·赫什森（Von Hirshausen, 2003）认为基础设施可分为物质基础、人文基础和制度基础三类，是经济代理机构可用的所有物质、制度和人文能力的总和。[③]

与国外学者的研究相比，我国对基础设施的研究开始较晚，20世纪80年代，基础设施问题才逐渐受到我国学者的重视，相应的研究步伐开始加快。

钱家俊、毛利本（1981）是最先将基础结构（基础设施）概念引入经济理论界的，他们对基础设施作出的是狭义理解，即如供水、动力、通信、交通以及卫生、教育等向社会提供基本服务的部门。[④]

杨治（1985）认为，直接性的生产性投资和间接性的社会性投资是促进社会经济发展的必须投资。区别于生产性资本的私人投资，间接性社会投资的主体是国家、地方政府和公共事业单位。所谓间接性体现在间接地作用于生产性资本的生产活动。间接性社会投资形成的资产就是基础设施。[⑤]

王元京（2002）认为可用四个分类概括基础设施的内涵，分别是电、热、水等能源设施类；机场、港口、公共交通、电站等交通设施类；邮电、通信等通信设施类；污水和垃圾处理、防沙治沙等环保设施类。[⑥]

---

① See World Bank, "World Development Report 1994: Infrastructure for development". *New York Oxford University Press Jun*, Vol. 29, No. 100 (1994), P. 53.
② 转引自王晓腾：《我国基础设施公私合作制研究——基于公共部门行为》，财政部财政科学研究所博士学位论文，2015年，第8页。
③ See Hirschhausen C. V., "Modernizing Infrastructure in Transformation Economies: Paving the Way to European Enlargement", *Social Science Electronic Publishing*, Vol. 33, No. 4 (2003), pp. 577–579.
④ 参见钱家俊、毛利本：《要重视国民经济基础结构的研究和改善》，载《经济管理》1981年第3期，第12页。
⑤ 参见杨治：《产业经济学导论》，人民大学出版社1985年版，第201~206页。
⑥ 参见王元京：《论我国基础设施建设中的民间资本进入》，载《经济体制改革》2002年第4期，第5页。

通过总结上述国内外学者对于基础设施的相关研究，可以看出基础设施概念在社会与经济的不断发展过程中日益完善。结合国内外学者对于基础设施的研究，本书认为，基础设施的概念有狭义、广义、最广义之分。狭义的基础设施主要包括铁路、公路、桥梁、机场、道路、电力、电信的生产和传输等主要的经济基础设施；广义的基础设施，在狭义的基础设施之上，还包括学校、医院、住房、养老院、监狱等主要的社会基础设施；最广义上的基础设施是指，在狭义和广义的经济基础设施和社会基础设施之上，还应该包括无形的制度基础，如职业培训、社会保障、社会服务、环保机构等。结合本书的研究对象公私合作制，本书采取的是广义的基础设施的理解。

事实上，根据不同的分类标准和划分角度，基础设施可以产生不同的分类：从空间分布的角度：可分为全国性基础设施、区域性基础设施和局部性生产单位基础设施；从是否收费的角度：可分为公益性基础设施和经营性基础设施。从社会生产部门的角度：可分为城市基础设施和农村基础设施；从社会功能的角度：可分为生产性基础设施与生活性基础设施；从构成与供给的角度：可分为经济基础设施和社会基础设施。本书研究中涉及的基础设施范围主要包括经济基础设施和社会基础设施。

2.1.2 公私合作制

当前我国正迎来公私合作热潮，PPP 成为最热门搜索词，但是实际上公私合作制并非新生事物，而是由来已久。

1. 公私合作制（PPP）的基本内涵

公私合作制（PPP），即"Public Private Partnership"，有多种译法："公私伙伴关系"、"公私合伙制"、"公私合作模式"，"公私合作伙伴模式"、"公私合营模式"，"公共民营合作"等。目前，关于公私合作制的概念，众多机构与学者从各种角度作出不同的理解。

联合国发展计划署：PPP 是基于某个具体的项目，在政府、营利性企业和非营利性组织之间形成的合作形式，这种形式的好处是政府通过向私营部门转移部分风险和责任，最终双方享受合作带来的成果。[①]

联合国培训研究院：PPP 是为了解决某地或某区域内的某些复杂问题，包括了不同社会系统倡导者的各种制度化的合作形式。具体包括：公私合作关系的建立旨在满足公共产品的需要；以及公私部门合作关系的建立而进行大型公共项目实施。[②]

欧盟委员会：PPP 是公私部门的合作形式，目的是保证基础设施融资、建设运营与维护。[③]

英国财政部：PPP 包括三个方面：私人部门在国有行业的引进；公共部门利用私人的技术、管理和资金优势，通过合同购买公共产品和服务以及支持公共项目；利用私人部门的技术和资金对政府商业潜力进行开发。[④]

美国 PPP 国家委员会：PPP 是介于外包和私有化之间的公共产品和服务的提供方式。它最大的特点是通过对私人部门优势的利用，满足公共利益的需求。[⑤]

加拿大国家 PPP 委员会：PPP 是公私部门之间的合作经营关系，合作的基础是合作者的经验。公共需求的满足通过风险分担，利益共享和资源分配来实现。[⑥]

中国财政部：PPP 是一种长期的合作关系。此种关系中，政府与社会资本形成明确分工，政府为保证公共利益的实现，负责基础设施和公共服务的监管；社会资本负责基础设施的设计、建设、运营和维护，并通过付费机制获得合理利润回报。[⑦]

中国国家发展与改革委员会：PPP 是政府与社会资本基于利益共享和风险共担的长期合作关系。政府的主要宗旨是提高公共产品和服务的供给

---

① 参见贾康、孙洁：《公私合作伙伴关系（PPP）的概念、起源与功能》，载《中国政府采购》2014 年第 6 期，第 12 页。

② See United Nations Institute for Training and Research, PPP – for Sustainable development, United Nations institute for Training and Research, 2000.

③ See The European Commission, Guidance for Successful PPP, 2003.

④ See Commission of the European Communities, "Green Paper on Public – Private Partnerships and Community Law On Public Contracts and Concessions", *Transnational Dispute Management*, Vol. 1, No. 3（2004）, P. 4.

⑤ See The National Council For PPP, For the good of the people: using PPP to meet America's essential needs, USA: The Nations Council For PPP, 2002.

⑥ See Allan B. J. R., "Public – Private Partnerships: A Review of Literature and Practice", *Saskatchewan Institute of Public Policy*. Public Policy Paper, No. 4, 1999, pp. 12 – 18.

⑦ 参见财政部《关于推广运用政府和社会资本合作模式有关问题的通知》。

能力和效率。主要方式是购买服务、特许经营以及股权合作等。①

除了以上各种权威机构对公私合作制作出定义之外，国内外一些著名的专家学者也对公私合作制的定义进行了深入的研究。

美国民营化大师萨瓦斯（E. S. Savas）：PPP 是公私部门在提供公共产品和服务上的安排；以改善城市状况为宗旨，建立在地方政府官员和企业等之间的正式合作；政府和企业转变各自通常角色而进行的共同合作。②

英国学者达霖·格里姆塞（Darrin Grimsey）和澳大利亚学者莫文·K·刘易斯（Mervyn K. Lewis）：PPP 是"在达成的合同项下，私营实体参与或为公共基础设施提供服务支持"。③

德国专家 Gottschalk：为了共同的经济目标，公私部门建立并实施的长期合同。④ 其中，"共同的经济目标"、"长期"、"合同"都是 PPP 的关键要素。

李秀辉、张世英：PPP 是公共基础设施的一种项目融资模式。⑤

王灏：PPP 有广义和狭义之分。前者指为提供公共产品和服务由公私部门建立的各种关系；而后者更强调合作中的风险分担和物有所值原则，是项目融资模式的总称。并指出国外对 PPP 多作广义理解，而国内对 PPP 多作狭义理解。⑥

余晖、秦虹：公私合作制是通过正式合同在公私部门之间建立的长期合作关系，这种关系建立的目的是为了提供公共服务，优势是分担风险，共享收益。⑦

贾康、孙洁：公私合作制是让掌握资源的非公部门参与公共产品和服务的提供，通过公私部门的合作，既能对私人部门有益也能促进政府公共

① 参见《国家发展改革委关于开展政府和社会资本合作的指导意见》。

② 参见［美］E. S. 萨瓦斯：《民营化与公私部门的伙伴关系》，周志忍等译，中国人民大学出版社 2002 年版，第 105 页。

③ 参见［英］达霖·格里姆塞，［澳］莫文·K·刘易斯著：《公私合伙伴关系：基础设施供给和项目融资的全球革命》，济邦咨询公司译，中国人民大学出版社 2008 年版，第 5 页。

④ See Gottschalk, "Praktische Erfahrungen und Problem mit Public Private Partnership in der Versorgungswirtschaft", in: Eichhorn (Hrsg.) *Public Private Partnership*, Baden-baden, 1997, S. 154.

⑤ 参见李秀辉、张世英：《PPP：一种新型的项目融资方式》，载《中国软科学》2002 年第 2 期，第 51 页。

⑥ 参见王灏：《PPP 的定义和分类研究》，载《都市快轨交通》2004 年第 5 期，第 24 页。

⑦ 参见余晖、秦虹主编：《公私合作制的中国试验》，上海人民出版社 2005 年版，第 37 页。

职能的实现。①

根据以上分析，能够认识到，公私合作本身就是一个具有宽泛意义的概念，正如德国学者 Norbert Portz 提出，PPP 没有固定的定义，词汇本身的起源亦难以考证，因此对其定义的总结实际上毫无意义，根据不同案例来确定其具体含义其实更为明智。② 而且由于国外与国内的研究机构和专家学者的不同认识角度，目前实在难以对公私合作制的含义形成完全一致的表述。但是我们仍然可以根据公私合作制的主要特征，对公私合作制作出以下概括性描述：公私合作制是公私部门为提供公共产品和服务而建立的长期的合作关系。正式合同的签订是这种合作关系成立的重要前提。这种合作关系最大特点就是发挥合同双方各自的优势，通过分担风险，实现收益共享。

2. PPP 的基本类型

世界银行按照广义 PPP 进行分类，分为管理外包、服务外包、特许经营、租赁、BOT/BOO 和剥离。③

欧盟委员会认为 PPP 应该分为三类，分别是，"传统承包类、一体化开发和经营类、合伙开发类"。④

加拿大工业部按照 PPP 当中公共部门向私营部门转移风险从大到小，进行如下分类：O&M（运营与维护）、DB（设计—建设）、Turnkey Operation（承包运营）、Wrap Around Addition（公共设施的扩建）、LP（租赁—购买）、Temporary Privatization（临时私有化）、LDO or BDO（租赁—开发—运营或购买—开发—运营）、BTO（建设—转让—运营）、BOOT（建设—拥有—运营—转让）、BOO（建设—拥有—运营）。⑤

---

① 参见贾康、孙洁：《公私伙伴关系的概念、起源、特征与功能》，载《财政研究》2009年第 10 期，第 3 页。

② See D Hall, RDL Motte, S Davies, Terminology of public private partnerships, Public Services International Research Unit（PSIRU）Paper, 2003.

③ See The World Bank, Selecting an option for private sector participation, 1997, P. 3.

④ 传统承包类是指政府投资、私人部门只承担项目中的某一个模块（如建设或经营）；一体化开发类是指公共项目的设计、建造、经营和维护等一系列职能均由私人部门负责，有时也需要私人部门参与一定程度的投资；合伙开发类通常需要私人部门负责项目的大部分甚至全部投资，且合同期间资产归私人拥有。参见王灏：《PPP 的定义和分类研究》，载《都市快轨交通》2004 年第 5 期，第 25 页。

⑤ See Public – Private partnerships – A Canada Guide, Service Industries Branch of Industry Canada, June 2001, pp. 18 – 24.

美国 GAO（US Government Accounting Office），总结美国政府所使用的各种类型的 PPP，将与建筑和设施有关的公私合作制概括为 12 种类型。分别是 BDO（兴建—发展—经营）、BOT（兴建—经营—转移）、BTO（兴建—转移—经营）、BOO（兴建—拥有—经营）、BBO（购买—兴建—经营）、DB（设计—兴建）、DBFO（设计—兴建—注资—经营）、DBM（设计—兴建—维修）、DBO（设计—兴建—经营）、DF（发展商融资）、免税契约（Duty-free Contract）、经营、维护及管理服务合约（O&M and Managing Contract）、全包式交易（Whole-transaction）。①

国内学者王灏参考多个国际机构的 PPP 分类方式，并结合我国的具体国情，总结出三级结构的 PPP 分类方式（具体见表 2 – 1）。

本书认为王灏对于 PPP 的分类基本符合我国目前的 PPP 应用现实，具有一定的合理性。因此，本书所指的 PPP 也按照此种分类标准进行划分，即将 PPP 分为外包、特许经营和私有化三类，这是一种广义的划分标准。

外包类：这种类型的 PPP 项目中，私营部门只负责工程建设后的运营维护等部分工作，因此承担的风险较小。政府是整个项目的投资者，私营部门的收益也是通过政府付费实现。

特许经营类：这种类型的 PPP 项目中，私营部门承担的风险相应提升，因为它要负责部分或全部的投资。政府部门根据项目实际收益，向私营部门收取费用或给予补偿。政府在项目的公益性与私营部门的收益之间需要进行协调和平衡，因此对公共部门的管理水平提出了更高的要求。公共部门最终享有特许经营项目的所有权，因此合同结束后，公共部门会将项目的所有权收回。特许经营类项目的最大特点就在于在公私部门之间形成合理分工，这有助于双方优势的发挥。公共产品和服务效率提高的同时，还能节约生产成本。

私有化类：此类 PPP 项目中，项目的全部投资由私人部门负责，通过使用者付费的方式收回投资，获得利润。私有化类项目的所有权归私营部门所有，因此，这类项目中，私人部门承担的风险最大。

---

① See USGA Office, Public Private Partnerships: Terms Related to Building and Facilities, US Government Accountability Office, April 1999, pp. 3 – 16.

表 2 –1　　　　　　　　　　　PPP 的类型及含义

PPP	外包类 （Outsourcing）	模块式外包 （Component Outsourcing）	服务外包 （Service Contract） 管理外包 （Management Contract）
		整体式外包 （Turnkey）	DB DBMM O&M DBO
	特许经营类 （Concession）	TOT	PUOT LUOT
		BOT	BLOT BOOT
		其他	DBTO DBFO
	私有化类 （Divestiture）	完全私有化	PUO BOO
		部分私有化	股权转让 其他

资料来源：王灏：《PPP 的定义和分类研究》，载《都市快轨交通》2004 年第 5 期，第 26 页。

3. 公私合作制的主体

从 PPP（Public Private Partnership）的字面构成上可以看出，公私合作制是"Public"与"Private"即"公共（部门）"与"私人（部门）"之间建立的合作关系，这说明公共部门与私人部门是公私合作制中最重要的两个主体。公共部门，指的是政府或者政府授权的机构；私人部门，指的是民营资本或企业。我国当前推行的 PPP，官方译法为"政府与社会资本合作模式"，即将第二个"P"译为"社会资本"，与国际上"私营部门"的通常译法有所不同。事实上，这其中不只是翻译上或具体说法有所差异，而是确实存在实质区别。

我国财政部《PPP 项目合同指南（试行）》对"社会资本"作出了界定。① 国家发展和改革委员会《政府和社会资本合作项目通用合同指南》（2014 版）也对"社会资本"的范围进行了界定。② 可以看出，我国当前推广的 PPP 对于"私营部门"作了扩大解释，不仅包括民营企业、外资企业等，还包括国有企业。事实上，国有企业具体包括国有独资企业、国有控股以及国有参股企业。应该说，国有控股企业、国有参股企业参与的公私合作，因其中含有"私"的成分，符合公私合作制的原始内涵。而国有独资企业等纯粹的国有企业参与公私合作，则有悖于"公私合作"的含义界定。因此，我国当前各部委将大力推行的 PPP 称为"政府与社会资本合作模式"，将私营部门的范围扩大到所有的国有企业，这是考虑了我国的当前实际，即基础设施领域采用 PPP 模式，将国有企业排除出去不现实。采用"政府与社会资本合作"的说法，似乎能够巧妙地避开对于私营部门界定以及确定国有企业参与的"合法性"身份，但是我国当前推广的 PPP 实际上已经不是原本意义上的"公私合作制"了。

因此，本书所称的"私营部门"与我国当前所称的"社会资本"的范围有所不同。本书将"私营部门"范围界定为包括国有企业、民营企业、外商投资企业、混合所有制企业或其他投资、经营主体，但是其中对于国有企业的范围进行限定，即是指国有参股、控股的国有企业而不包括国有独资企业。本书认为完的国有独资企业是公共部门的代表，不符合"公私合作制"的本质。为了论述的需要，本书仍然称为"私营部门"而不是"社会资本"，称为"公私合作制"而不是"政府与社会资本合作模式"。

2.1.3 公私合作契约关系

1. 契约的内涵

"契约"，来自拉丁语，指交易。主要特征包括选择缔约方的自由和契

---

① "本指南所称社会资本是指依法设立且有效存续的具有法人资格的企业，包括民营企业、国有企业、外国企业和外商投资企业。但本级人民政府下属的政府融资平台公司及其控股的其他国有企业（上市公司除外）不得作为社会资本方参与本级政府辖区内的 PPP 项目。"

② "应是符合条件的国有企业、民营企业、外商投资企业、混合所有制企业，或其他投资、经营主体。"

约各方的地位平等。西方文化中，契约除了在私法领域中具有意义，在公法领域也得到了运用。并且，契约在法律范畴之外的经济、政治、宗教等方面都被赋予意义。关于契约的定义，很多学者都作出过自己的理解：比如，契约是双方当事人之间的一种协议或约定，其内容就是向对方交付某物或行为的法律义务，并且当事人双方自愿受到这种协议或约定的约束和限制。① 黑格尔曾对契约本质进行了准确概括。② 还有法律谚语曾说"契约是当事人间的法律"，③ 契约应当优先于法律，法律只是执行当事人协议的工具。事实上，关于契约的表述复杂多样，要想找到一个标准的定义十分困难。但是，透过这些不同的表述，可以总结出契约的一些共同的特征：契约的缔约主体关系平等；契约是双方当事人作出的自由与自愿行为；契约成立的前提是"合意"，即双方达成一致意见；契约是当事人自愿接受的约束等。

2. 公私合作制的本质是一种契约关系

所谓公私合作制，就是将公共部门和私营部门各自的优势进行充分发挥，进行合作的合同安排。此种安排之下，由对市场敏感的私营部门负责工程建设和产业运营，发挥其筹集资金和技术管理上的优势，从而提高基础设施的经营效率；同时，需要政府部门摒弃传统行政管理的落后观念和方式，不过分干涉私营部门的具体运营环节，只在市场准入与退出、价格和质量等方面进行监管，督促私营部门向全社会提供符合广大公众利益和社会整体利益的公共产品和服务。这是公私双方在公私合作合同下彼此的权利和义务。可见，公私合作的特征是公私双方建立在合同基础上形成的伙伴关系、共同分担风险、共同分享利益，本质上是一种契约关系。

3. 基础设施领域公私合作中存在的契约关系

基础实施领域进行公私合作制改革之后，公共部门、私营部门以及社

---

① 参见周枏：《罗马法提要》，法律出版社 1988 年版，第 148～155 页；查士丁尼：《法学总论——法学阶梯》，商务印书馆 1989 年版，第 158 页。

② "契约双方当事人互以直接独立的人相对待，所以契约（甲）从任性出发；（乙）通过契约而达到定在的同一意志只能由双方当事人设定，从而它仅仅是共同意志，而不是自在自为普遍的意志；（丙）契约的客体是个别外在物，因为只有这种个别外在物才受当事人的单纯任性的支配而被割让。"参见黑格尔：《法哲学原理》，商务印书馆 1961 年版，第 82 页。

③ 参见周枏：《罗马法原论》（下册），商务印书馆 1994 年版，第 661 页。

会公众之间的关系发生了变化。总体上来看，基础设施领域存在以下几种公私合作契约关系：

其一，公共部门与社会公众之间的契约关系。政府作为公共利益的天然代表，担负着为公众提供公共产品和服务的责任，满足公众对于基础设施与公共服务的需求，政府与公众之间实际上形成了一种内在的社会契约关系。

其二，公共部门与私营部门之间的契约关系。基础设施领域采用公私合作制以后，公私部门通过签订正式合同建立伙伴关系，实现风险共担，利益共享。公私部门之间形成了一种外在的具体契约关系。

其三，私营部门与社会公众之间的契约关系。私营部门向社会公众提供基础设施产品和服务，获得产品和服务的公众向其支付合理对价，这也是一种契约关系。

2.2 基础设施领域公私合作制的理论基础

公私合作制的存在和发展需要多种理论支撑，在这些理论当中，诸如公共产品理论、公共选择理论、委托代理理论以及治理理论等，是与公私合作制关系最为密切的理论，以下进行详细论述。

2.2.1 公共产品理论

公共产品（Public Goods），我国还存在"公共物品"、"公共商品"等多种译法，公共产品理论是经济学重要的理论基础。因为公共产品领域历来是市场机制无法真正发挥作用的"市场失灵"的领域，于是，公共产品理论为这一问题的解决提供了理论上的有效指导。

1. 提出背景

随着人类社会的发展，公共产品理论的概念不断变化和演进。经济学家的早期论著中，公共产品的思想已经开始萌芽。亚当·斯密（Adam Smith）在《国富论》中就指出政府有责任建设并维持某些公共事业及设施，体现出公共产品的思想。马克思（Karl Heinrich Marx）的《哥达纲领批判》，提出根据社会再生产和社会公共消费的需要，为满足例如学校、保健设施等共同需要和为失去劳动能力的人设立基金，国家可以在国民收入中进行扣除。事实上，1919 年财政学家林达尔（Lindahl）在其博士论文《公平税收》中最早使用了"Public Goods"的说法。更重要的是，1954 年，美国经济学家保罗·萨缪尔森（Paul Samuelson）在其《公共支出的纯理论》一文中明确提出了私人消费品与集体消费品的二分法标准，认为集体消费品（公共产品）是"每个人对这种物品的消费，并不能减少任何他人也对于这种物品的消费，在这个意义上，这种物品能为所有人共同使用。"[1] 并总结出公共产品的三个特征：效用的不可分割性、非排他性和非竞争性。他的另一个重要的观点就是，为克服"搭便车"行为，由政府供给公共产品是理想的制度安排。萨缪尔森对于公共产品的概念界定和特征总结具有突出贡献，此后学者的研究都是在其研究基础上进行深化和补充。然而，1967 年，公共选择学派的代表人物詹姆斯·布坎南（James Buchanan）在其著作《民主财政论》中，指出萨缪尔森对于公共产品的两分法过于绝对，认为对于公共产品的分析，与根据产品的客观属性划分相比，从提供主体角度分析更加科学。因此提出在公共产品与私人产品之间还存在准公共产品。

2. 主要观点

总体上，根据"排他性"与"竞争性"两大特征组合程度的不同，经济产品可以分为私人产品、纯公共产品和准公共产品。在此基础上，政府和非政府机构可以发挥出在产品供给机制上的各自的作用。

私人产品同时具有排他性和竞争性，因为其生产和消费可以剥离，容易进行产权界定，供给双方可以通过交易成本进行交换。因此，私人产品适合通过市场机制进行提供；纯公共产品同时具有非排他性与非竞争性，产权界定比较困难，消费者不必支付费用即可使用，市场机制在此处无法发挥作用。正因为私人部门提供公共产品缺乏动力，因此由政府提供更为适合；准公共产品因其只具有非排他性和非竞争性其中的某一特征，介于

---

[1] See Samuelson P. A. , "The Pure Theory of Public Expenditure", *Review of Economics & Statistics*, Vol. 36, No. 36（1954）, pp. 1 – 29.

私人产品与公共产品之间，具有私人产品和公共产品双方的性质。因此，可以根据公共产品或私人产品在产品中性质的强弱程度，由政府和市场对其进行共同分担。

3. 与公私合作制的关系

各国实践已经证明，基础设施只由政府单方面提供和经营，不但加重了政府的财政负担，而且经营和管理效率低下。但是，如果只由私人部门进行提供和经营，由于私人部门的逐利本性，往往只在有利润可图的地方提供公共产品，容易产生"撇奶油"现象，而且为了逐利制定的过高价格有可能会损害社会公众的利益。基础设施领域提供的产品大多数属于准公共产品，因此，基础设施领域采用公私合作制，可以发挥政府与市场各自的优势，有利于相关产品和服务的有效供给。

2.2.2 公共选择理论

20 世纪 70 年代末，公共选择理论改变了政府对包括基础设施在内的公共产品的供给与生产方式。因为公共选择理论主张在政府提供公共服务的领域引入竞争机制，重塑政府与市场的关系。

1. 提出背景

1938 年伯格森（A. Bergson）《福利经济学可能前景的重述》一文是公共选择理论的研究起点，1951 年阿罗（Arrow K. J.）《社会选择和个人价值》对公共选择理论的发展起到了进一步推动的作用。20 世纪 50 年代后期，大批著作和文章陆续涌现，代表性的有布莱克（Duncan Black）《选举和委员会理论》、布坎南（James M. Buchanan）和塔洛克（Gordon Tullock）《同意的计算》等。这些著作主要研究个人偏好与社会福利函数最大化的关系，以及如何使资源配置在公共产品中最终实现的问题。可见，公共选择理论和公共支出理论具有同源性。1896 年克努特·维克赛尔（Knut Wicksell）《公平税收新原理》和 1919 林达尔（Lindahl）《公平税收：一个积极的方案》被一致认为是公共选择理论的奠基石。而真正使公共选择理论成为独立学派的是在布坎南之后，布坎南在《同意的计算》出版之后，又出版了《自由、市场和国家》《宪法经济学探索》等著作，将公共选择理论向前大步推进。最终，公共选择理论的影响力甚至超出了经济学界，被政治学界视为圭臬。

2. 主要观点

公共选择理论的代表人物是美国经济学家布坎南（James M. Buchanan），他对传统经济理论提出了挑战。公共选择理论以经济学中的"经济人假设"、"经济学交换范式"、"方法论的个体主义"等作为前提和工具，通过对政治市场上的政府决策过程、民众的公共选择行为及两者关系的经济学分析得出结论，认为政府及官员并不一定比普通人更加理性，作为追求自身效用最大化的"经济人"，他们在政治市场上同样以个人利益为终极目标。同时，由于其身份的特殊性，政府官员有更多的机会以权谋私。这说明与市场一样，政府也会失灵。也由此说明，因为市场失灵，由政府提供公共产品的理论同样存在漏洞，政府作为公共产品的唯一提供主体同样存在局限性。政府失灵理论是公共选择理论的核心论题。

3. 与公私合作制的关系

公私合作制可以从公共选择理论中找到相应的理论基础。公共产品领域的非竞争与非排他性，存在市场机制供给的"市场失灵"，因此需要由政府方面（包括国有企业）提供基础设施，进行垄断经营，提高资源配置效率，保障公共利益和社会公平。但是政府垄断经营同样存在诸多问题，政治家与官僚制定公共政策的过程中，与私人一样计较集团的利益得失，未必会为了保障公共利益就牺牲集团利益或个人利益。而且官僚主义带来的行政约束多于市场竞争的约束，对于市场需求变化做出反应的迟缓，造成了资源配置的低效率，"政府失灵"也在所难免。因此，公共选择理论指出公共部门自身也同样存在问题，这为政府在某些领域的"退出"提供了理论依据，同时提供了可供选择的办法，也就是，基础设施领域产品或服务的提供应该遵循比较优势原则。具体来讲，若政府供给比市场供给更有效率和优势，市场应该让位于政府，政府如果由于自身原因处于劣势则应该转变政府职能。但是如果经过改革仍然无力挽回，那么就应该打破政府的垄断地位，寻求政府和市场之间，公共部门与私营部门之间的合作与竞争，实现高效率的资源配置。公私合作制就是将公私部门的优点结合起来，一方面利用私营部门的创新成果和商业智慧，另一方面保留公共部门在基础设施领域的规划与监管的权力，努力规避市场失灵与政府失灵的弊端，实现政府和市场的优势互补。正如萨缪尔森所说：政府和市场是现代经济得以健康运行的有效保障，缺少其中任何之一，现代经济都是"孤掌难鸣"。① 基础设施领域的公私合作制就是通过公私部门合作探索解决这一实践问题的有益途径。

2.2.3　委托代理理论

20 世纪 40~70 年代，委托代理理论实现了从兴起到迅速发展的过程。委托代理理论以信息不对称和博弈论作为理论基础，信息不对称以及委托代理关系中双方利益冲突及化解是其主要研究的问题。

1. 提出背景

1932 年，美国经济学家伯利（Berle）和米恩斯（Means）最早提出委托代理概念，股份制公司治理体制问题是其进行研究的起因。当时美国大型企业的股东具有双重身份，即同时作为企业的所有者和经营管理者，他们认为这种形式存在严重弊端，因此倡导在股份制的前提下，将企业的经营权和所有权进行分离。企业的所有者保留剩余索取权，而企业的经营者拥有企业的控制和管理权。"两权分离"也因此成为现代企业制度的起点。1937 年，交易费用学说由科斯（Ronald Coase）提出，并在 20 世纪 70 年代得到深入发展。交易费用学说是代理费用和代理成本的理论基础。伯利、米恩斯和科斯的有关理论也在信息经济学、契约理论和激励理论等支撑之下迅速发展。至此，委托代理理论正式提出，并以其深厚强大的理论基础，尤其广泛应用在公共管理等领域。

2. 主要观点

委托代理理论存在几个基本假设前提：其一是代理人的信息优势。即

① 参见萨缪尔森、诺德豪斯著：《经济学》，肖琛译，人民邮电出版社 2008 年版，第 1 页。

代理人具有优于委托人的在某一方面具有专业的知识、技术、管理以及经验等。其二是委托人与代理人之间的信息不对称。即具有信息优势的代理人与委托人之间的信息流通通常受到自然或人为的阻碍，使得委托人处于信息劣势状态，导致两者之间信息不对称。具体又分为事前信息不对称（逆向选择）和事后信息不对称（道德风险）。其三是代理人追求自身经济利益最大化。在代理合同签订前，信息不对称的情况下，代理人为争取代理机会可能会进行虚假宣传；在合同签订之后，代理人在其逐利本性的驱使下有可能作出不利委托人的代理行为。

本质上，委托代理关系是一种契约关系。即委托人授权代理人从事特定的经济活动，在实现委托人经济目的的同时，代理人也可以获取相应的经济利益。因为专业分工的原因，通常代理人在知识、管理等方面的经验比委托人有更多信息优势。因此，委托人赋予代理人一定程度的自主决策权，委托人则通过外部监督机制对代理人的代理行为进行规范，使代理人的行为不能偏离委托人的利益。

委托代理关系之所以产生，既是因为委托人相关管理经验的缺乏，无法获取更大的经济效益，不得不把经营权和管理权交给代理人行使。同时也可以使代理人在不拥有产权的情况下，通过经营管理仍然可以获得更大的收益。尽管委托代理关系可能会给委托人和代理人双方带来预期的经济利益，但是由于代理人方面有信息优势，可能忽略或损害委托人的利益来实现自己的利益。主要表现：一是双方利益不一致导致利益冲突，即逆向选择风险；二是信息不对称的环境下，缺乏有效制度和激励机制的前提下，代理人有可能产生道德风险。

针对委托代理问题主要有三种解决办法：一是信息公开，即通过协议明确双方权利义务关系，遏制代理人的机会主义，约束代理人的行为；二是激励相容机制，确保代理人实现自身利益的同时保障委托人利益；三是约束机制，监督代理人的行为及结果，保证委托代理关系的顺利实现。

3. 与公私合作制的关系

委托代理理论与基础设施领域公私合作制具有密切相关性。通过上述委托代理理论的分析论证可以得出，基础设施建设的运作同样存在委托代理关系。政府部门为了提高公共产品的供给效率，减少财政支出，满足公共需求，把原来由自己垄断的公共产品供给通过合约即特许经营的方式转移给企业进行经营和管理。政府作为委托人，委托企业作为代理人进行基础设施项目建设，这是一种自上而下的委托代理过程。政府与企业的委托代理关系，通过合同中约定的具体条款实现。实际上，公众与政府之间还有一层潜在的委托代理关系的存在，即公众作为委托人，政府作为代理人，公共利益的维护是这层委托代理关系的主要内容，这是一种自下而上的委托代理过程。政府必须满足公众的利益需求，因为如果处理不好自身对专业管理知识缺乏和风险管理能力等问题，容易引发政治合法性危机。正是因为公众、政府、企业之间存在的多层委托代理关系，形成了多个委托代理环节，而各个主体之间的信息流通可能会受到阻碍，容易产成信息不对称的现象，进而引发基础设施项目建设的各种风险，因此对这种委托代理关系进行有效规制就十分必要。

2.2.4 治理理论

治理理论兴起的主要原因是"市场失灵"和"政府失灵"。当前，很多国家的政府改革和发展的口号已经转变为"更少地统治、更多地治理"。

1. 提出背景

1995 年，全球治理委员会通过发表研究报告《我们的全球伙伴关系》，对"治理"进行权威界定。① 詹姆斯·N·罗西瑙（J. N. Rosenau）是治理理论的创始人之一，他对"治理"的定义体现在其著作《21 世纪的治理》和《没有政府的治理》当中。他认为治理是非得正式授权也能发挥作用的管理机制，与统治不同，治理并非依靠国家强制力才能实现，治理的主体也并非是政府，治理是在共同目标支持下的活动。②

治理理论兴起的主要原因是"市场失灵"与"政府失灵"。自由资本

---

① "治理"是各种公共的或私人的个人和机构管理其共同事务的诸多方式的总和，它是使相互冲突的或不同的利益得以调和并且采取联合行动持续的过程。这既包括有权迫使人们服从的政治制度安排和规制，也包括各种人们同意或以为符合其利益的非正式的制度安排。参见全球治理委员会：《我们的全球伙伴关系》，牛津大学出版社 1995 年版，第 23 页。
② 参见［美］詹姆斯·N·罗西瑙：《没有政府的治理》，张胜军等译，江西人民出版社 2001 年版，第 5~6 页。

主义时期，信奉"管得最少的政府是最好的政府"的亚当·斯密自由主义经济思想盛行，诸如保卫国家领土和主权、保护私有财产不受侵害等是此时政府的主要职能，政府的这种角色被称为"守夜人"。20 世纪 30 年代世界性经济危机的爆发，由于市场机制无法调整自身的缺陷，"市场失灵"出现了。"自由放任"的经济思想也因此被摒弃，凯恩斯的"政府干预主义"受到追捧，政府开始对经济进行全面的干预和管理。但是在政府机构和官员的经济人本性的驱使下，政府的职能无限扩张，开始大包大揽，导致资源配置低效与服务低效，于是"政府失灵"也没能避免。从 20 世纪 70 年代开始，政府公共管理改革运动兴起，旨在解决政府失灵问题。在"政府再造"的口号中，政府在公共管理当中开始吸收市场机制和企业家精神，政府希望借此可以实现从"全能型政府"到"有限政府"的转变。但是，此次改革仍然存在重大缺陷，即政府对公共管理和私人管理的差别有所忽视，反而对私人企业和市场机制过分强调，实践中再次产生的政府失灵现象暴露了它的局限和不足。"市场失灵"与"政府失灵"，显示出市场或政府都有其自身局限性，单纯依靠其中一方都可能引发失效现象，解决的办法就是运用治理理论。直到 20 世纪 90 年代，治理理论开始受到更多人的关注。

2. 基本观点

将各国学者对治理理论的认识进行梳理，可以概括出以下主要观点：其一，如果权力行使能够得到公众的认可，在公共层面上，各种公共机构或者私人机构都可以成为权力中心。此种情况下，昔日权力中心——政府的地位发生变化，这就对传统政府的权威提出了挑战。其二，私人部门或者社会团体开始承担一些责任，这些责任的原来主体是国家。公私部门之间、国家与社会之间的界限和责任不再泾渭分明，开始变得模糊不清。其三，参与集体行为的组织需要依靠其他组织，在资源信息共享的基础上实现交换，达成共同的目标，交换的结果由参与者的资源和交换的环境共同决定。这也就形成了参与集体行为的社会机构之间的"权力依赖"。其四，公共事务的管理中，政府权力之外的其他管理方法和技术已经突破原有的限制，开始崭露头角。利用这些手段对公共事务进行引导和规制成了政府此时的责任。总之，治理理论的核心内涵就是，使政府的职能实现转变，即从"划桨"变为"掌舵",即治道变革。治理的三个关键词是"参与"、"谈判"、"协商"。①

3. 与公私合作制的关系

治理理论确立了多中心治理的理念,这种理念与公私合作制的精神高度契合。公私合作模式中,政府不再是唯一的权力中心,社会组织、私人部门以及公众等多元主体都将参与当中,形成多元主体的多中心的参与模式。这种模式下,各主体通过协商与谈判形成良性互动与有效合作,确保和提高基础设施等公共产品和服务的质量与效率。这是应对"市场失灵"与"政府失灵"困境,对政府单一主体供给公共产品和服务的一次创新的制度设计。在治理理论之下,公共部门和私营部门从对立到合作,共同为实现公共利益而努力。政府、市场和社会的责任界限已经模糊,发挥各自优势的多元主体之间存在权力依赖和合作伙伴关系。可以说,治理理论催生了现代意义上的公私合作。

---

① 参见龙献忠、杨柱:《治理理论:起因、学术渊源与内涵分析》,载《云南师范大学学报》(哲学社会科学版)2007 年第 4 期,第 34 页。

第3章 基础设施领域公私合作制国内外发展历程及现状

　　有统计数据表明，PPP 模式在全世界发展十分迅速，尤其是一些发达国家的 PPP 模式应用状况更是居世界领先地位。① 然而，作为传统交付模式的一种补充，PPP 模式在全球公共投资中只占较小比例，只有在可以较好地实现物有所值的情况下才得以适用。英国、澳大利亚等都是 PPP 模式运用得比较成熟的国家，但是其 PPP 投资占公共投资的比例也被限制在一定范围内。具体情况从表 3 – 1 中可以看出。

　　世界范围内，较早采用 PPP 模式的国家是英国，现已发展较为成熟。澳大利亚和加拿大的 PPP 模式较高的发展程度也已得到世界公认。下面首先对这三个代表国家 PPP 模式的发展历程和现状进行具体介绍，其次介绍我国的 PPP 模式发展历程和现状。对 PPP 模式的国外经验进行总结，是为了能够为我国 PPP 模式的发展提供借鉴、参考和启示。

表 3 – 1　　　　　　　　各国 PPP 投资占公共投资比例

国家	PPP 占公共投资比例（％）	国家	PPP 占公共投资比例（％）
澳大利亚	10 ~ 15	墨西哥	15
英国	10 ~ 13	芬兰	10 ~ 15

---

　　① "根据 PWF 的数据，1985 ~ 2011 年，全球基础设施 PPP 名义价值为 7751 亿美元。其中，欧洲处于领先地位，大约占全球 PPP 名义价值的 45.6％，其次是亚洲和澳大利亚，所占份额为 24.2％，墨西哥、拉丁美洲和加勒比海地区三者合计占 11.4％。美国和加拿大所占份额分别是 8.8％、5.8％，非洲和中东地区 PPP 名义价值为 315 亿美元，占全球份额的 4.1％。"参见联合资信：《知己知彼——国外 PPP 发展现状及对中国的借鉴》，载和讯证券 http://bond.hexun.com/2015 – 03 – 09/173872960.html，2016 年 2 月 10 日访问。

国家	PPP 占公共投资比例（%）	国家	PPP 占公共投资比例（%）
韩国	5~10	卢森堡	5~10
德国	3~5	南非	3~5
挪威	3~5	西班牙	3~5
加拿大	1~3	意大利	1~3
新西兰	1~3	捷克	0~1

资料来源：联合资信：《知己知彼——国外 PPP 发展现状及对中国的借鉴》，载和讯证券 http://bond. hexun. com/2015 - 03 - 09/173872960. html，2016 年 2 月 10 日访问。

3.1　英国公私合作制的发展历程及现状

3.1.1　英国公私合作制的发展历程

20 世纪 70 年代末，在新公共管理思想的指导下，英国撒切尔政府开始进行大规模的民营化改革。改革主要集中在供水、电信、电力以及煤气供应等行业，但是将交通、医疗以及教育等重点公共领域排除在外。原因是公众强烈反对将这些密切关乎民生的公共领域交由私营部门，因此这些公共服务仍然由政府提供。但是，部分公共领域的民营化改革对于政府财政压力的缓解作用仍然有限。一方面，政府紧缩的财政政策对于巨大的财政支出难以支持。[1] 另一方面，传统政府采购方式弊端严重，集中表现为公共项目建设中的工时超期和成本超支的"双超"现象。[2] 另外，由于政府贷款和发行债券是公共开支预算的主要来源，政府为了将财政风险控制

---

[1]　比如，"仅教育和医疗两项，1997 年就需要维修资金 100 亿英镑，其中，国家卫生系统的建筑维护资金超过 30 亿英镑，学校所需的维修资金更高达 70 亿英镑。"参见谢煊、孙洁、刘英志：《英国开展公私合作项目建设的经验及借鉴》，载《中国财政》2014 年第 1 期，第 66 页。

[2]　例如，盖思医院预算 3600 万英镑，实际结算 1.24 亿英镑；法斯莱恩三叉戟潜艇泊位预算 1 亿英镑，实际结算 3.14 亿英镑；苏格兰议会大楼预算 4000 万英镑，实际结算 3.14 亿英镑。参见谢煊、孙洁、刘英志：《英国开展公私合作项目建设的经验及借鉴》，载《中国财政》2014 年第 1 期，第 66 页。

在一定范围内，对于政府债务的比例自然会进行限制，这将对公共开支预算造成直接影响。

1990 年，梅杰接任英国首相，此时的英国经济连续 7 个季度呈现负增长，周期性经济衰退形势严峻。此种情况下，政府只能推行扩张型财政政策来刺激经济复苏，但是再次陷入财政赤字的困境。[①]

1992 年，"私人融资计划"（PFI，即设计、建设、融资、运营和维护）由梅杰政府首次提出。PFI 的目的在于将私营部门的资金引入基础设施建设，增加公共投资的规模，将政府债务向企业债务转变。

1993 年，英国的私人融资办公室和私人融资工作组设立，两者是财政部的下设机构。

1997 年，工党上台执政，布莱尔政府开始推行"第三条道路"，"公私合作制（PPP）"成为"新工党"的一条指导性原则，PFI 模式也被重新建构，即将公私合作制定位超越融资模式。同年，由政府官员和私营部门借调人员组成的财政部专门工作组成立，对于公私合作具体程序的实施和指导是该组织的主要职责。

1999 年，英国伙伴关系组织（Partnership UK，PUK）成立，该组织由政府全部持股，作为一个具有专业知识的永久性组织，取代了财政部工作小组，为公共部门提供支持，好处明显。该组织在 2001 年调整持股比例，将公共部门的持股比例转变为 49%（财政部拥有 44% 股权），其余股份为私营部门持有，该组织成为由公私共同持股的 PPP 管理模式组织。但是，为了实现对公共利益的保护和重大事项的监管，特殊事项中财政部还是拥有一票否决权。[②]

PUK 成立以后，有关 PFI 政策制定的职责由财政部下的政府商业办公室（Office of Government Commerce，OGC）接任。但是，由于 OGC 不适合处理 PFI 的政策问题，2003 年，财政部下的"私营部门资金处"再次接任其政策制定的职责。但是由于"私营部门资金处"既处理政策问题，有时也处理技术问题，造成了功能重叠的现象。

---

　　① "1991～1992 财年，英国财政赤字为 143 亿英镑，1993～1994 财年，赤字高达 460 亿英镑，是国内生产总值的 7.25%。"参见张碧波：《英国公私合作（PPP）的演进及其启示》，载《财经界（学术版）》2015 年第 13 期，第 361 页。

　　② 参见谢煊、孙洁、刘英志：《英国开展公私合作项目建设的经验及借鉴》，载《中国财政》2014 年第 1 期，第 66 页。

2009 年，英国财政部成立基础设施融资中心（The Infrastructure Finance Unit，TIFU），目的是应对金融危机下的各种融资挑战，对市场融资渠道进行有效补充。

2011 年，英国财政部设立基础设施局（Infrastructure UK，IUK），全面负责基础设施领域公私合作，在长期战略规划、项目优先排序以及融资和交付使用等方面为经济基础设施与社会基础设施提供咨询。更高层面的协调，有利于对基础设施领域进行长期规划。

2012 年，为降低项目风险，提高公共部门的权益，英国推出新型私人融资模式（PF2，即设计—建设—融资—维护）。PF2 与之前的 PFI 的主要区别在于，私营部门不再对基础设施进行运营。为吸引长期投资者，政府在特殊目的公司（SPV）参股投入部分资本金，政府资本的参与使股本金比例得到较大提高。不但提高了私人部门的专业能动性和积极性，还有利于化解融资紧张问题。同时，政府承担的风险也较之前更多。

3.1.2 英国基础设施领域公私合作现状

1. 完善的政策和指南

英国对公私合作制的管理依据主要是财政部颁发的规范性文件，即政策和指南，到目前为止尚未进行专门的公私合作立法。但是，各种政策性文件对于英国的公私合作制起到了重要的规范作用。在 PFI 阶段，主要的政策性文件有：2003 年颁布的《PFI：应对投资风险》，其中主要的内容是，强调物有所值原则在政府采购中的作用，并且对政府的相关责任进行了详细规定；2006 年颁布的《PFI：加强长期合作伙伴关系》中对项目供应商的选择标准作出相应的规定；2008 年发布的《基础设施采购：实现长期价值》，重点强调物有所值原则在政府采购中的运用，以及应该对项目进行有效监管，对 PFI 的重要性也再次进行重申。① 在 PF2 阶段：主要的政策性文件有《PPP 的新方式》。对于 PF2 的

---

① 参见自丁绪瑞、伏静、孙吉、王晨琛：《完善 PPP 投融资体制法律研究》，载《开发性金融研究》2015 年第 1 期，第 79、123 页。

相关问题进行详细说明。①

2. 专业的管理机构

专业的管理机构设置，是英国基础设施领域公私合作制得以发展较好的重要原因之一。英国很重视对其管理机构的调整和完善，当前，英国对 PPP 模式的管理呈现三级机构的管理形式。一是财政部，它是英国 PPP 模式的主管部门。财政部下设的基础设施局（IUK）全面负责 PPP 工作。值得指出的是，财政部下设的基础设施局有着明确的职能定位。② 该机构对基础设施融资中心、财政部 PPP 政策小组以及英国伙伴关系组织的职能进行整合和接管，将这三个机构的专长和特点实现了有效结合；二是英国伙伴关系组织（PUK），负责将私营部门的专业知识和资源提供给公共部门，对于 PPP 模式在公共部门的落实起到了重要的作用；三是公私营机构合作署，该机构的职责是为地方机关发展公私合作提供最大支持，由于该机构的成立资金来自于地方政府，因此要向地方政府协会委任的董事局问责。③

3. 公私合作项目行业范围广、领域集中

英国公私合作项目行业分布广泛，除了通常的基础设施项目，甚至还包括监狱、警察局、法院等。而且，与此同时，英国公私合作项目发展领域比较集中。在全国的基础设施 PFI 项目中，教育、医疗、交通和废弃物处理等项目的总量占据英国全国 PFI 项目数量的一半以上；以上项目的投资总额更是超过了全国 PFI 项目总投资额的 60%。而这其中，交通和教育、医疗等项目比较特殊。因为医疗和教育项目个数虽然多，但是单个项目投资规模相对不大，而交通类项目个数虽然不多，但是单个项目投资额却很高。具体数据如表 3－2 所示。

---

①② 参见王晓腾：《我国基础设施公私合作制研究——基于公共部门行为》，财政部财政科学研究所博士学位论文，2015 年，第 123 页。

③ 参见赫荣亮：《借鉴英国 PPP 经验，推动民资参与公共建设》，载《中国经济导报》2014 年 5 月 6 日。

表 3 – 2   英国 PFI 项目行业分布

分类	项目数量（个）	项目个数占比（%）	项目总投资额（亿英镑）	投资额占比（%）
教育	213	29.71	112.17	20.50
医疗	136	18.97	120.68	22.06
其他	55	7.67	87.64	16.02
交通	38	5.30	69.90	12.78
废弃物处理	38	5.30	43.51	7.95
住房	34	4.74	17.25	3.15
道路照明	32	4.46	14.27	2.61
健康	29	4.04	12.33	2.25
办公用房	24	3.35	35.34	6.46
警察局	24	3.35	4.75	0.87
服务中心	24	3.35	3.19	0.58
消防	13	1.81	3.95	0.72
教育培训	12	1.67	7.98	1.46
监狱	12	1.67	6.37	1.16
娱乐设施	12	1.67	2.05	0.37
法院	8	1.12	1.95	0.36
图书馆	7	0.98	1.58	0.29
安全教育中心	4	0.56	0.68	0.12
防洪	2	0.28	1.55	0.28
总计	717	100	547.12	100.00

资料来源：联合资信：《知己知彼——国外 PPP 发展现状及对中国的借鉴》，载和讯证券 http://bond.hexun.com/2015 – 03 – 09/173872960.html，2016 年 2 月 10 日访问。

4. 私人融资计划项目为主

特许经营项目和私人融资计划项目，是英国两个主要的公私合作项目类别。由使用者付费的一类是特许经营项目；由政府付费的一类，包括 PFI 与 PF2，是私人融资计划项目。但是，英国公私合作模式中，对于特许经营采用较少，多数选择 PFI 或改进后的 PF2，即以私人融资计划项目为主。英国国内主要的基础设施项目，如交通、医疗、教育等相关的公私合作项目也多采用 PFI 模式和 PF2 模式。

5. 重视物有所值

英国的公私合作模式重视物有所值。其一，通过风险管控，降低政府风险。PFI 项目中，私人部门承担"双超"风险以及项目经营风险。英国的特许经营项目本身较少，但即便是有，为了避免承担经营风险，政府也很少提供补贴，项目运营风险主要靠企业自己的判断。其二，项目运营周期较长，通常在 25~30 年，少则 10 年，多则 40 年。PFI 项目中，政府成本与项目成本十分固定，这与政府传统采购项目有所区别。其三，政府付费的前提是产出绩效评估。与传统采购项目不同，政府付费的前提是 PFI 项目的产出，政府根据结果和投入选择付费，项目完工前或者完工后未达预期目标，政府不付费。

3.2　澳大利亚公私合作制的发展历程及现状

3.2.1　澳大利亚公私合作制的发展历程

澳大利亚也是公私合作模式发展得较为成熟的国家，该国在基础设施领域进行公私合作制改革开始于 20 世纪 80 年代。解决政府财政问题是该国进行此项改革的初衷。因为公私合作模式不但可以维持财政收支平衡，还能提高基础设施建设成效，因此引起该国政府的关注。

澳大利亚的公私合作模式经过最初十几年的发展，以往 PPP 项目大多取得的良好经济收益。从 90 年代开始，政府更多将私人资本引入基础设施领域，希望可以借此提高基础设施供给效率、促进经济增长。这一阶段，由于私人部门接受政府转移过来的过多风险，比如建设运营风险等，导致部分投资者不堪重负，许多项目没能取得理想的效果。

2000 年以来，澳大利亚政府的财政状况与之前相比大为改善。尤其是政府总结了之前的经验，吸取了失败的教训，在这一阶段，注重进行科学的长期规划、不再短视。总体来讲就是，结合公私部门的优势与特长，如政府的规划、管理和私营部门的资金、技术，充分发挥政府与私营部门各自优势，实现物有所值和公共利益最大化，这也促成了公私部门双赢的实现。

澳大利亚是联邦制国家，联邦政府和州政府都有各自的 PPP 政策。政策在有关 PPP 项目的目标原则、适用范围、风险分配、资金使用以及公共利益等方面都有所规定。虽然各州关于 PPP 的政策大体框架结构和主要原则基本一致，但是在诸如技术和定义、PPP 项目推进程序和步骤上仍然存在较大差异。政策规定的差异，给私营部门参与公私合作造成较大障碍。经过 30 多年的实践，各州的 PPP 事业发展仍然不平衡。[①]

近些年，各州的差异政策受到来自外界的普遍批评，关于政府应该统一诸如项目具体程序方面政策的呼声更加强烈。[②] 因此，构建可以适用于不同管辖区域、统一协调的政策框架体系是澳大利亚联邦政府一直以来的工作重点。

为了更好地建立各州和联邦的沟通协调机制，联邦政府在 2004 年设立国家 PPP 政策咨询委员会，同一年，设立国家 PPP 论坛，为各州政府构建合作平台。旨在通过项目信息发布、人员培训等工作，降低公私双方交易成本，促进 PPP 的应用模式和实施步骤的协调统一。

2005 年，PPP 的协调工作取得关键性进展，因为通过各州和联邦之间的有效沟通，有关各方 PPP 政策和实施步骤协调的意向终于正式达成。

2008 年，联邦政府颁布《2008 澳大利亚基础设施委员会法》，同年，澳大利亚基础设施委员会成立，该机构的主要职责是在全国范围内各级政府推广 PPP。

2008 年 12 月，联邦基础设施委员会颁布《国家 PPP 指南》，指南由澳大利亚基础设施委员会、各州和联邦政府共同起草并协调一致，是规范全国 PPP 项目运作最权威的政策，已于 2009 年 1 月起正式生效。指南是

---

① See Report on private investment in public infrastructure, department of treasury and finance, http://www.partnerships.vic.gov.au/, last visited at 8/02/2016.

② See Responding to the Nation's Infrastructure Needs, Westpac submission to Infrastructure Australia on Public Private Partnerships. Infrastructure Australia, http://www.infrastructureaustralia.gov.au, last visited at 8/02/2016.

对各地公私合作实践经验的系统总结，旨在将各地分散的 PPP 规则进行统一和规范，降低合作双方的成本，提高采购效率，确保公私合作项目的顺利进行。在有关指南修改和适用上都有着严格的程序要求。同时，指南也注重与时俱进，该指南第 6 卷 "管辖区规定" 在 2009 年 6 月，由澳大利亚基础设施委员会予以更新。

3.2.2　澳大利亚基础设施领域公私合作现状

1. 特别立法的保障

澳大利亚没有对公私合作进行专门立法，但是如果需要进行某些重大基础设施项目建设，政府会专门制定特别法或者修正现行法律。这种做法的目的在于，对项目建设进行批准，为项目运营和维护提供法律依据；对合作方的权利义务责任进行设置，对合作的争议解决提供法律途径。[1] 例如，《1995 年墨尔本城市连接线法》与《2004 年东部连接线项目法》就是澳大利亚维多利亚州为了墨尔本收费公路项目顺利开展而进行的特别立法。

2. 政策指南主导

虽然澳大利亚没有 PPP 的专门立法，但是公私合作仍然进行得十分顺利，除了特殊情况下的特别立法之外，还因为有一系列完备的政策和指南对 PPP 项目进行规范。联邦政府方面代表性的政策文件是《澳大利政府利用 PPP 政策原则》，有关 PPP 模式的基本原则、PPP 项目的适用范围、PPP 项目实施许可和评估步骤以及与政府政策的衔接等方面，在此政策原则中都有所规定。该政策原则不但为有关机构应用 PPP 模式提供参考和指导，有利于与其他采购方式进行比较分析；而且为联邦政府进行财产和资源管理提供了支持，对于责任的清晰划分有利于真正落实。[2] 州级政府当中，维多利亚州最早发布 "维多利亚伙伴关系政策指南"，这对于澳大利

---

[1]　See Report on private investment in public infrastructure, department of treasury and finance, http://www.partnerships.vic.gov.au/, last visited at 8/02/2016.

[2]　See Australian Government Policy Principles for the Use of Public Private Partnerships.

亚 PPP 模式的发展意义重大。主要因为它正式引入公私合作制，并且覆盖之前如 BOT、BOOT 等分散模式。而且，诸如医院、监狱等一国的核心设施不再由私营部门提供，改由政府进行资助。另外，在订立合同前的审批程序以及建设运营中的监督措施方面，建立了完整的管控体系。①

3. 管理机构的协调作用

除了联邦政府成立的国家 PPP 政策咨询委员会，国家 PPP 论坛等管理机构设置外，联邦政府建立的澳大利亚基础设施委员会，是澳大利亚进行公私合作国家层面的重要管理机构。该委员会是法定议事组织，其职责是根据基础设施的重要性确定项目优先发展顺序，对基础设施政策和规划进行制定，以及对基础设施进行价格监管以及技术性指导等。

4. 项目实施效果良好

在建立了国家级的交流平台，并且统一各州分散的政策之后，澳大利亚 PPP 项目实施效果良好。根据 PPP 项目区分，澳大利亚的基础设施同样包括经济基础设施与社会基础设施。澳大利亚建设的经济基础设施，其收入大部分来自公众消费者，市场风险较大，包括悉尼轻轨项目、悉尼港海湾隧道项目以及墨尔本城市连接线公路项目等。其社会基础设施，通常由政府支付付费，市场风险较小，包括学校、医院、法院以及监狱等。比较可以发现，两类基础设施项目数量基本相同；经济性基础设施建设项目资金总量优势明显，但是总体上两类项目实施效果都比较理想。②

---

① See English L. M., "Public Private Partnerships in Australia: An Overview of Their Nature, Purpose, Incidence and Oversight", *University of New South Wales Law Journal*, Vol. 29, No. 3 (2006), pp. 250 – 262.

② 2004 年，根据澳大利亚财政部对维多利亚州 PPP 政策所做调查显示：参与评估的 8 个 PPP 项目，其加权平均节省费用为项目总投资的 9%。2008 年，荷兰银行对澳大利亚 PPP 建设总量进行统计，1996 年 PPP 项目建设呈井喷局面，达到 52 亿澳元规模，其余年份都在 10 亿澳元以下徘徊；2000 年以后，PPP 项目年度建设规模从 20 亿澳元稳步增长，到 2006 年已达 70 亿澳元规模。荷兰银行预测，2008 ~ 2010 年 PPP 的建设总量将稳步上升，2010 年可达 90 亿澳元。参见李亢：《从分散到统一：澳大利亚公私伙伴关系制度及启示》，载《理论月刊》2010 年第 1 期，第 154 页。

3.3　加拿大公私合作制的发展历程及现状

3.3.1　加拿大公私合作制的发展历程

20 世纪 80 年代以来，加拿大政府对公私合作制进行了探索和发展。概括来讲，加拿大的公私合作制经历了积极探索、快速发展和全面成熟三个阶段。

1. 积极探索阶段（1980～1990 年）

20 世纪 80～90 年代，公共管理运动在世界范围内兴起，与此同时，采用公私部门合作模式提供基础设施在英美国家已经取得了一定的成功经验。此种背景下，加拿大政府也开始了公私合作制的探索之路。探索阶段的初期，交通运输领域是加拿大政府进行公私合作项目尝试的重点领域，主要集中在桥梁、公路以及机场等。已经进行的公私合作项目的良好效果鼓励了加拿大政府的积极性，因此，探索阶段的后期，加拿大各级政府开始将公私合作项目拓展到包括医院、卫生、教育、市政设施等民生基础设施领域。总体上来看，此阶段的公私合作项目尚未得到政府的统一规划与指导，因此各级政府采用的模式并不相同，基本呈现出各自为政的发展状态。

2. 快速发展阶段（2000～2005 年）

经历了早期的积极探索，在公私合作改革上，加拿大政府积累了一些经验，因此逐渐进入到快速发展阶段。这个阶段，加拿大国内的公私合作项目行业分布更加广泛，项目数量逐渐增多。因此，国家对于公私合作制的管理也更加重视，一些专业的机构开始出现，主要职责就是提供信息和中介服务以及参与事务部门的合作。代表性的例如 Partnerships British Columbia（PBC）。这个阶段，在公私合作具体模式的选择上，政府主要采用 BF、DBFO 以及 DBFM 等模式。

3. 全面成熟阶段（2006 年至今）

经历了积极探索阶段和快速发展阶段，加拿大的公私合作制从 2006 年开始进入全面成熟阶段。这个阶段，加拿大对公私合作管理机构的设置更加专业，代表性的就是 2008 年加拿大 PPP 中心的成立。该中心是国家级的 PPP 管理机构，并且设立 12 亿美元的 PPP 中心基金，旨在为 PPP 项目提供资金支持。此时，公私合作模式已在加拿大的经济基础设施与社会基础设施全面展开，主要分布行业包括：医院、教育、交通、能源、文化、水务、监狱等。截至 2009 年底，项目总投资额已高达 270 亿加元。

3.3.2　加拿大基础设施领域公私合作现状

由于加拿大在基础设施领域运用公私合作制的突出成果，该国也成为国际上公认的 PPP 模式运用最好的国家之一。加拿大在吸收借鉴其他国家发展公私合作制成功经验的基础上，立足本国实际，当前已经逐渐形成了比较完善的公私合作发展模式和体系。

1. 政策法律的支持

加拿大为了促进公私合作模式的发展，注重进行政策和法律的顶层设计。为了完善 PPP 项目的采购流程，加拿大各级政府积极制定基础设施建设规划和政策。目前，加拿大政府发展公私合作制项目的主要依据是：《PPP 公共部门物有所值评估指引》和《对应公共部门成本——加拿大最佳实践指引》，是 2003 年 5 月由加拿大工业部出版。

2. 完善的管理机构

加拿大基础设施领域公私合作制的发展当中，加拿大 PPP 中心的作用明显。2008 年，加拿大成立国家层面上的管理机构——加拿大 PPP 中心（PPP Canada）。该机构的主要工作内容是参与 PPP 项目实施和开发，对 PPP 模式进行宣传和推广。更重要的是，该机构内部设有独立董事会，由财政部向议会提交专门报告，按照商业模式进行运作。该中心对于联邦级的 PPP 项目有权进行审核和建议，从而制定管理政策，并且提供相关的技术援助。而且，该机构同时设立"加拿大 PPP 中心基金"（PPP Canada Fund），基金总额为 12 亿美元，最高可以为 PPP 项目提供占投资总额 25% 的资金支持。

3. 显著的项目效果

在加拿大各级政府的大力支持下，加拿大公私合作项目推进效果良好，在服务效率与交易成本方面都有显著的优势，形成了规范成熟的市场。其一，当前，加拿大 PPP 项目已经在全国范围全面铺开，项目行业分布广泛。涉及的行业有教育、环境、司法、交通、医疗等。2003～2012 年，加拿大完成融资方案的项目数量达到 121 个，项目行业分布情况见表 3－3。其二，公私合作制有效促进了经济的发展。2003～2012 年，PPP 项目对加拿大 GDP 贡献超过 480 亿美元，带动国民收入增长 322 亿美元，提高经济产出 920 亿美元。累计创造了 52 万个等效全职工作岗位。其中，医疗保健行业的贡献尤为突出。其三，公私合作制增加了各级政府税收。2003～2012 年，项目相关企业和员工共缴纳税收 75 亿美元。其中，联邦和省级政府取得税收收入分别为 52 亿美元和 23 亿美元。PPP 项目成为联邦和省级政府主要的税收收入来源。其四，公私合作制使政府资金投入有所减少，实现了物有所值。2003～2012 年，项目实现物有所值的价值约 99 亿美元。

表 3－3　　　　　　　2003～2012 年加拿大 PPP 项目行业分布

行业	项目数量（个）	占比（%）	行业	项目数量（个）	占比（%）
教育	7	5.79	住房	2	1.65
环境	5	4.13	国防	1	0.83
司法	14	11.57	政府服务	2	1.65
交通	24	19.83	文化	7	5.79
医疗保健	59	48.76			

资料来源：《加拿大 PPP 十年经济影响评估》，载《中国证券报》，2014 年 5 月 19 日。

4. 公私合作制的催化作用

公私合作制对于加拿大全国上下的经济发展与进步发挥了积极的催化

作用。加拿大政府运用公私合作模式在基础设施领域引入私营部门的投资、技术与经验，解决了国内基础设施老化、预算限制以及人口增长等难题，促进公共产品和服务供给效率的提高，改善了公众生活品质。这是因为，基础设施领域公私合作制的运用，在医疗、交通、教育以及司法等方面为加拿大公众提供了便利。可以看到，在劳动者教育水平提高，社会治安和公共安全得到改善的同时，过去由于交通拥堵、疾病和意外伤害等方面造成的损失和浪费也明显降低了，而加拿大整体社会的生产效率和质量却大大提高了。

3.4 我国公私合作制的发展历程及现状

3.4.1 我国公私合作制的发展历程

1. 基础设施领域公私合作制的初步探索阶段（1984～1993 年）

我国改革开放以后，外资大规模进入国内，基础设施领域也是一部分外资尝试进入的领域。一些地方政府与投资者通过签订协议进行基础设施建设，实际上就是公私合作模式。但由于当时的公私合作还处于初步探索阶段，国家层面还未进行关注。这一阶段代表性的公私合作项目，有深圳沙角 B 电厂 BOT 项目、北京国际饭店、广州白天鹅饭店等。其中，深圳沙角 B 电厂 BOT 项目是我国首个 BOT 项目。项目总投资 42 亿港币，深圳特区电力开发公司为中方发起人，香港合和电力公司为外方发起人。双方约定 B 电厂运营合作以 10 年为限，2000 年资产所有权和控制权已顺利移交中方。此项 BOT 项目结构简单，其中也存在一些需要注意的问题，比如没有招标过程等，总体上其经验并未在全国得到大范围推广。

2. 基础设施领域公私合作制的试点推广阶段（1994～2002 年）

如果说初步探索阶段，公私合作还处于没有政府部门牵头的"自力更生"状态，那么进入到这一阶段，政府部门已经开始进行有组织的试点推进。1992 年，十四大确立了建立社会主义市场经济体制的目标，1993 年国家计委开始研究 BOT 项目的可行性问题，1994 年国家计委选出了五个 BOT 试点项目——广西来宾 B 电厂项目、成都第六水厂项目、广东电白高速公路项目、武汉军山长江大桥项目和长沙望城电厂项目。除了国家层面，地方各级政府也推出了 PPP 项目，比如上海黄浦江大桥 BOT 项目、北京第十水厂 BOT 项目等。此阶段的 BOT 试点项目涉及包括电力、供水、燃气、桥梁等众多行业，正因为如此，1994 年也被称为我国 PPP 元年。这一阶段代表性的 PPP 项目是广西来宾 B 电厂项目，这是我国首个经国家批准的 BOT 试点项目。项目总投资 6.16 亿美元，法国电力国际和通用电气阿尔斯通是来宾 B 项目的主办人。因为项目的成功签约和顺利建设，好评不断，当年就荣获"1997 年度最佳中国项目"、"1997 年度最佳亚太电力项目"等业界十项大奖。

3. 基础设施领域公私合作制的全面推进阶段（2003～2008 年）

党的十六大提出，社会主义市场经济体制已经初步建立，要发挥市场在资源配置中的基础性作用。在这种大背景下，公私合作制终于在中央政府的主导之下，开始在全国范围的全面推进。2002 年，建设部《关于加快市政公用行业市场化进程的意见》明确提出建立政府特许经营制度。2004 年建设部出台《市政公用事业特许经营管理办法》，为公私合作项目的开展确立了法律与政策依据。同年，国务院《关于投资体制改革的决定》提出"谁投资、谁决策；谁收益，谁承担风险"的原则，允许社会资本进入法律法规未禁止进入的基础设施等领域。2005 年国务院发布"非公经济 36 条"通过国家政策的形式允许非公有经济进入垄断行业和领域。这一阶段，地铁、路桥、燃气以及污水处理等都是开展较多的项目，例如北京亦庄燃气 BOT 项目、王小郢污水 TOT 项目、兰州自来水股权转让项目等。但是，这一阶段最具代表性的项目还是北京地铁四号线项目，这是我国城市轨道交通领域的首个 PPP 项目，项目的成功经验得到大力推广。应该注意的是，这一时期的 PPP 项目数量增加的同时，也有一些失败案例出现。对于基础设施领域的市场化改革的反思也在同时进行，西安自来水市场化改革终止就是其中的标志性事件。

4. 基础设施领域公私合作制的停滞反复阶段（2009~2012年）

2008年由美国次贷危机引发的金融危机爆发，世界经济均受到严重影响，我国政府也推出四万亿的救市政策。在此背景下，地方政府基础设施建设总体上资金充足，城市化程度也大幅提高。有政府提供资金进行基础设施建设，使得2009年全年国内的公私合作几乎呈现停滞状态，很多还在准备期的项目被迫取消。然而停滞阶段毕竟是短暂的，公私合作制全面推进总体上仍然势不可当。终于，经济刺激计划暴露出的弊端让政府重新认识到民间投资的重要性，具体表现为2010年国务院发布"新36条"鼓励民间资本投资。但是受金融危机的影响，民间资本以及外资对于政府政策的响应度并不高，取而代之的是国企甚至是央企的广泛参与。缺乏竞争的同时，也导致了"玻璃门"、"弹簧门"等现象的出现。

5. 基础设施领域公私合作制的法治发展新阶段（2013年至今）

党的十八大提出让市场在资源配置中发挥决定性作用，十八届三中全会《关于全面深化改革若干重大问题的决定》提出进一步落实十八大精神。从2013年开始，在中央政策的指引下，PPP在我国进入全面推广的新时期。2014年在国务院《关于创新重点领域投融资机制鼓励社会投资的指导意见》的政策号召下，财政部PPP中心成立。2015年6月1日，发改委牵头六部委共同起草的《基础设施和公用事业特许经营管理办法》正式施行。当前，财政部与发改委陆续发布两批示范性PPP项目，发改委又发布13个PPP典型案例。这一阶段最显著的特点就是公私合作制开始迈进法治化轨道。在国家的正式文件中，公私合作制被定义为"政府与社会资本合作模式"，拓宽了私营部门的范围，将包括国有企业在内的社会资本一并吸纳进来。同时，当前国务院以及财政部、发改委、住建部等各部委都在积极促进公私合作制的大力发展，部委层面的"通知意见"、"合同指南"等文件层出不穷。尽管当前部门与机构之间还存在分工与配合的问题，但是整体上都力求在法律框架内规范公私合作制的展开和推广，最近财政部已经发布《政府与社会资本合作法（征求意见稿）》，公私合作制即将开始进入有法可依的发展新阶段。

3.4.2　我国基础设施领域公私合作现状

1. 我国 PPP 立法情况

从总体上看，PPP 模式当前在我国运作还不够成熟，现有的法律法规还不够系统、效力层级也还比较低。我国目前还没有出台 PPP 的专门法律，当前法律效力等级最高的法律规范是多部委联合制定、已于 2015 年 6 月 1 日正式施行的《基础设施和公用事业特许经营管理办法》。因其不是由全国人大或人大常委会颁布，所以也不是严格意义上的法律。

当前中央与地方政府都在积极努力对 PPP 模式进行规范。中央层面，主要是国务院和各部委发出的各种"通知"、"意见"和"办法"等；地方层面，各地政府为了响应中央的号召，也制定了大量的"通知"、"意见"和"办法"，旨在对中央政策和规定进行落实。可以看出当前我国的 PPP 法律规范在法律性质上大多属于行政法规、部门规章、地方性法规、地方政府规章以及规范性文件等，总体来讲法律位阶较低。PPP 模式本身具有特殊性，需要对其相关问题作出特别规定，但是当前各部委的 PPP "立法"与我国已有立法事实上存在冲突，比如，当前各部委制定的某些 PPP 规定就与现有的《行政许可法》《政府采购法》《招标投标法》等有关 PPP 模式的条款存在冲突。

另外，虽然当前各种"办法"等对 PPP 项目的实施起到一定积极作用，但是由于 PPP 模式本身具有长期性和复杂性的特点，依靠政策规定进行规范仍然缺乏持续性和稳定性。而且，政策制定时大多具有很强的针对性，不同部门制定政策时也往往不会进行过多协调，因此，当前我国 PPP 方面的政策大量出现的同时，也产生了不少矛盾和冲突。国务院、发改委、财政部等主管部门所作出的规定，大多数都是定位于自身的管理视角，适用部分行业，法规政策之间衔接性较差，系统性和全局性不足。总之，我国目前的立法状况不利于 PPP 模式的良性发展，亟须改进和完善。

2. 我国 PPP 政府管理机构情况

当前我国基础设施公私合作政府监管机构的设置模式，采用的是多部门、分散型的监管模式，这是一种"政监合一"的方式。具体来讲，基础设施各个行政主管部门就是其主要的监管部门。行政主管部门不仅负责具体监管政策、发展规划、技术标准的制定，还要负责监管政策、规划和标准的具体实施以及项目的日常运作。即便是这样，基础设施的主管部门也并非掌握有关基础设施的全部监管权力，因为除此之外，还有部分监管权力分散在其他部门当中。比如基础设施的立项审批权分散在发改部门、基础设施的定价权分散在物价部门、基础设施的质量监管权分散在环保、卫生和水务等部门，基础设施国有资产的处置权则分散在国有资产监管部门等，由此，形成了多个行业分散监管的模式。多个监管机构形成了多个监管主体，导致职能不清，分工不明，这种模式整体上使基础设施领域的公共服务存在效率低下的弊端。当前，发改委与财政部两个部门积极进行 PPP 模式的推广，发布多个政策文件、部门规章以及进行示范项目推介工作，但是部门间存在职能交叉，亟待调整。

3. 我国 PPP 的应用现状

由于目前我国尚无 PPP 方面的专门立法，国家层面对于 PPP 的适用范围还没有统一和明确的规定。可以看到的是一些部委文件对于 PPP 应用领域的规定。2005 年 2 月，国务院发布《关于鼓励支持和引导个体私营等非公有制经济发展的若干意见》① 提出"支持非公有资本积极参与城镇供水、供气、供热、公共交通、污水垃圾处理等市政公用事业和基础设施的投资、建设与运营"。2010 年 5 月，国务院再次发布《关于鼓励和引导民间投资健康发展的若干意见》② 鼓励民间资本以独资、控股、参股等方式投资建设公路、水运、港口码头、民用机场、通用航空设施、铁路、水利工程、电力、石油天然气、管道输送设施及网络、电信、土地整治和矿产资源勘探发等。2014 年 12 月，国家发改委《关于开展政府和社会资本合

① 《关于鼓励支持和引导个体私营等非公有制经济发展的若干意见》又被称为"非公经济 36 条"。

② 《关于鼓励和引导民间投资健康发展的若干意见》又被称为"新 36 条"。

作的指导意见》中规定的 PPP 项目适用：供水、供电、供热以及垃圾处理等市政设施；机场、铁路、公路、城市轨道交通等交通设施；教育、医疗等公共服务项目；水利、资源环境和生态保护项目等。此前，财政部与发改委又陆续公布两批 PPP 示范项目（见图 3-1～图 3-4），从当前两部委公布的示范项目中可以看出，基础设施所占比重较大，而在基础设施领域主要分布行业为：以高速公路、地铁、桥梁等项目为代表的交通设施；以垃圾处理、城市集中供热、城市地下综合管廊、发电厂以及园林绿化等为代表市政设施；以城市供水与污水处理以及水利工程等为代表水利设施等。

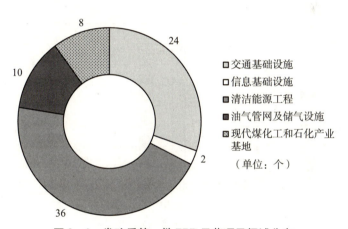

图 3-1　发改委第一批 PPP 示范项目领域分布

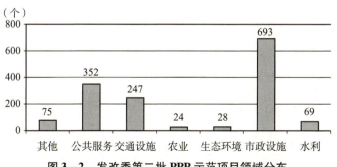

图 3-2　发改委第二批 PPP 示范项目领域分布

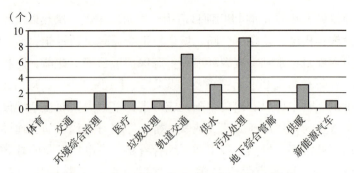

图 3-3　财政部第一批 PPP 示范项目领域分布

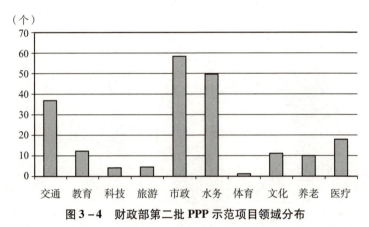

图 3-4　财政部第二批 PPP 示范项目领域分布

资料来源：图 3-1～图 3-4 是笔者根据财政部与发改委官网发布的数据综合整理。

2015 年 5 月，发改委建立第一个国家部委层面的 PPP 项目库，向社会公开推介总投资为 1.97 万亿元的 1043 个 PPP 项目，截至 11 月底，已经签约的项目为 329 个，占比为 31.5%。签约项目的行业分布，主要集中在交通设施、市政设施以及公共服务等领域。"329 个项目中，污水、垃圾处理项目 104 个，占 31.6%；供水、供热、燃气等项目 61 个，占 18.5%；学校、医院、体育等项目 41 个，占 12.5%；铁路、公路、港口等项目 38 个，占 11.6%。"①

2015 年 7 月 27 日，国家发改委针对各地 PPP 推进缺乏案例指导与操

①　参见张司南：《发改委首批 PPP 项目已签约比例达 31.5%》，载《证券时报》，2015 年 12 月 14 日。

作经验等问题，选取公布了 13 个具有代表性和示范性 PPP 项目案例。案例领域涉及交通设施、市政设施、资源环境以及公共服务等。

通过以上总结，可以看到，当前我国的基础设施领域公私合作应用状况良好，行业分布广泛，项目效果前景广阔。

第4章 公私合作契约关系的结构与契约主体的角色困境

4.1 公私合作契约关系的基本结构

基础设施领域进行公私合作制改革之后，公共部门、私营部门以及社会公众之间的关系发生了变化。总体上来看，基础设施领域存在以下三种公私合作契约关系。其一，公共部门与社会公众之间的契约关系。政府作为公共利益的天然代表，担负着为公众提供公共产品和服务的责任，满足公众对于基础设施与公共服务的需求，政府与公众之间实际上形成了一种内在的社会契约关系。其二，公共部门与私营部门之间的契约关系。基础设施领域采用公私合作制以后，公私部门通过签订正式合同建立伙伴关系，实现风险共担，利益共享。公私部门之间形成了一种外在的具体契约关系。其三，私营部门与社会公众之间的契约关系。私营部门向社会公众提供基础设施产品和服务，获得产品和服务的公众向其支付合理对价，这也是一种契约关系。

4.1.1 公共部门与社会公众之间的契约关系

基础设施领域公私合作当中，公共部门与社会公众之间存在一种契约关系，对于此种契约关系，有学者称之为"政治契约"[①] 有学者称之为

① 参见崔宏轶：《中国公用事业民营化：基于契约的治理》，载《深圳大学学报》（人文社会科学版）2006年第1期，第82页。

"社会契约"①。这种契约关系是一种内在的契约关系、隐性的契约关系。

"社会契约论"认为，政府部门的权力是来源于人民自然权利的让渡。政府部门作为公共利益的代表，天然地应该维护公共利益和社会整体利益，对公众承担政治责任。公众对于基础设施的需求，在政府部门集中得到汇聚和反映。因此，政府部门有责任满足公众需求，以最有效率的方式提供基础设施产品或服务，并且保证质优价廉。这种契约关系在道德和理性批判上的意义要大于法律上的意义，更多的是一种社会化的存在。因此，它不是存在于成文法典中，而是存在于公众的"民意"之中。民主社会当中，对于民意的重视程度更高，这就决定了这种社会契约关系的运行会更有保障。更为重要的是，由于政府是由人民让渡权利才得以形成，所以如果政府部门不能更好地为人民的利益服务，社会契约就会从"隐性"变为"显性"，人民就可能会将现有政府推翻，进而寻求新的政府服务，订立新的社会契约。因此，政府如果想保证自己的合法性地位，避免陷入政治危机，就要时刻维护好这种契约关系。

对于政府部门来讲，在这种社会契约关系中主要担任以下角色：

1. 民意的代表者

政府之所以要进行基础设施建设，是为了满足社会利益与公共利益的需求。社会公众对于公共产品和服务的需求具有多样性，需要由政府通过科学的制度和机制来收集和反映。这就要求政府在提供公共产品和服务的类型上、质量与数量上、合作对象的选择上、公共产品与服务的定价上，真正反映公众的需求，保障公众的根本利益。

2. 公平正义的维护者与捍卫者

基础设施领域提供的公共产品和服务是广大公众日常生活的必需品，无论产品或服务的质量好坏和价格高低都没有更多的选择可能性。但是，私营部门在其逐利本性的驱使下，难免会降低产品和服务的质量，提高价格，侵害广大消费者的利益，尤其是社会弱势群体的基本生存利益，这将有损社会公平与正义。政府则有义务和责任对私营部门的行为进行监管，

---

① 参见李延均：《公私伙伴关系与契约治理》，载《西北民族大学学报》（哲学社会科学版）2010 年第 1 期，第 104 页。

维护公众消费者的基本权益，保证社会的公平与正义。

3. 最终责任的承担者

基础设施领域实行公私合作制以后，基础设施的设计、建设、运营、维护等一系列环节交由私营部门去完成，相关风险也相应转移。但是这并不意味着政府部门的责任可以一并转移，事实上，政府仍然是最终责任的承担者。因为，如果出现诸如私人部门提供的公共产品和服务没有达到规定的标准，或者是价格超出公众的承受能力，或是私人部门放弃履行职责等情况，公共部门必须及时出面采取措施继续满足公众的需求，并且还要承担相应的责任，而不是以风险转移为由，在一旁任由风险扩大或损失加剧。

4.1.2　公共部门与私营部门之间的契约关系

基础设施领域公私合作当中，公共部门与私营部门是建立在双方所订立的合同之上的合作关系。这种契约关系是一种外在的契约关系、显性的契约关系。

公私合作当中，政府通过竞争机制选择合适的私营部门作为合作伙伴，公私部门双方签订合同，形成合作关系。私营部门通过运营与管理，提高基础设施的供给效率和促进社会公共福利的实现。同时，私营部门还要按照合同的约定规范自己的行为，以约定的价格和标准提供基础设施产品和服务，促进技术创新和管理创新，在合理的范围内取得经济利润和报酬。公共部门则要对私营部门的行为进行监督和管理，同时也要对私营部门的利益予以保障。公私双方在共同承担各种风险的基础上，实现利益共享。公私部门之间的这种契约关系是对公私双方最基本的约束和规范。在这种契约关系的管理下，政府部门可以减少由于自由裁量权滥用给私营部门带来的利益损失，保证公权力的行使不超出一定范围。使得在法律环境的保护下，私营部门的权利能够得到落实和保障。同时，私营部门也要受到这种契约的约束，即按照合同约定履行自己的义务，不得随意违约，否则就要承担最基本的违约责任。

"在合同、特许经营权协议以及所有权归属的基础上，PPP 模式下具体契约选择可以有不同的组合"。① 基础设施领域公私合作当中，公私部门之间契约关系建立的前提，通常来讲，主要就是政府与私营部门之间订立的特许经营合同，这种特许经营合同在实践当中又可以表现为各种不同和具体的形式，下面对几种常用的合同形式进行论述。

1. BOT（Build – Operate – Transfer），即建设—运营—转让

此种模式下，公私双方通过合同约定，由私营部门负责基础设施的设计、融资建设，特许经营期内，私营部门通过对基础设施的运营和管理来收回成本并且获得合理利润。特许经营期满，基础设施的所有权转移给公共部门。这是公私合作制中最基础的合同形式，同时涵盖了 BOOT 和 BLOT 模式。这种模式的设计目标是针对政府缺乏财政资金和管理经验的现实，因此，私营部门对于基础设施只负责建设和经营，特许经营期间不享有所有权。比较典型的项目如英法海底隧道、香港东区海底隧道等。

2. BOO（Build – Own – Operate），建设—拥有—运营

此种模式下，公私双方通过合同约定，由私营部门负责基础设施的设计、融资建设，并且享有所建成的基础设施的所有权和经营权，公共部门只是购买基础设施的产品和服务。但是，由基础设施本身的公共属性所决定，基础设施的所有权转移后，公共部门仍然会对私营部门进行监督和管理，履行公共责任与义务。这种模式比 BOT 的私有化程度要高，实际上是广义 PPP 模式当中私有化类型下的合同形式。

3. BOOT（Build – Own – Operate – Transfer），建设—拥有—运营—转让

此种模式下，公私双方通过合同约定，私营部门负责基础设施的设计、建设、运营，特许经营期内，通过使用者付费的方式收回成本并且获得合理利润。区别于 BOT，特许经营期内，此种模式下，基础设施的所有权和经营权由私营部门同时拥有，特许经营期满，公共部门获得私营部门转交的基础设施的所有权。私营部门仅在特许经营期内享有基础设施的所

---

① 参见张喆、万迪昉、贾明：《PPP 三层次定义及契约特征》，载《软科学》2008 年第 1 期，第 7 页。

有权，BOOT 私有化程度介于 BOT 和 BOO 之间。比较典型的项目如印度尼西亚南苏门答腊省巨港 150MW 燃气——蒸汽联合循环电站项目。

4. BTO（Build – Transfer – Operate），建设—转让—运营

此种模式下，公私双方通过合同约定，私营部门负责基础设施的设计、建设，公共部门享有建成后的基础设施所有权。其后，公私双方通过特许经营合同的签订，将基础设施运营和管理权交给私营部门，利用使用者付费以及其他方式可以保证私营部门收回成本并且获得利润。这种模式中，特许经营合同被分成两个阶段进行。在缓解政府财政资金紧张和管理经验缺乏的同时，还能对私营部门的建设成本和周期进行标准评估。即便基础设施的所有权发生了转移，对于超出预算等问题，也可以通过再谈判来进行约束。

5. BBO（Buy – Build – Operate）即购买—建设—运营

此种模式下，政府将基础设施出售给有能力修复或升级改造的私营部门，由私营部门进行经营，并且享有所有权。有关基础设施的价格、质量以及供给效率等，需要公私双方在基础设施出售之前进行详细谈判。公共部门正是通过这些合同条款实现对私营部门的控制和监督。例如日本政府将电话系统出售给私营部门。

6. BLOT（Build – Lease – Operate – Transfer）即建设—租赁—运营—转让

此种模式下，公私双方通过合同约定，私营部门与公共部门签订一个长期的租赁合同。私营部门在公共土地上建设基础设施，在租赁期内进行经营，通过使用者付费的方式收回成本并且取得合理利润，租赁合同期满后，将基础设施交还给公共部门。

7. DBFO（Design – Build – Finance – Operate），即设计—建设—融资—运营

此种模式下，公私双方通过合同约定，私营部门负责基础设施的设计、融资建设和运营，公共部门在特许经营期满后将基础设施收回。私营

部门是通过向政府部门收取一定费用来收回成本并且取得合理利润。政府部门提供与基础设施相关的核心服务，私营部门只负责辅助性的服务。

8. TOT（Transfer – Operate – Transfer），即转让—运营—转让

此种模式下，公共部门授予私营部门已经建成的基础设施特许经营权，特许经营期内，私营部门对基础设施享有所有权和经营权，并通过经营活动收回成本取得合理利润。特许经营期满后，私营部门将产权和特许经营权无偿移交给政府部门。

应该注意的是，对于公私部门之间这种契约关系的法律性质，当前在学术界和实践中都存在一定的争议，存在"民事合同说"、"行政合同说"与"混合合同说"等不同观点，没有形成统一看法。笔者认为，公私部门之间的这种契约关系应该是"经济合同"，相关具体论述将在后文进行。

对于政府部门来讲，在这种契约关系中主要承担以下角色。

（1）规则的制定者。基础设施领域公私合作当中，政府部门从传统上的公共产品和服务的直接提供者，转变为规则的制定者。宏观上，公共部门要制定完善的法律和政策体系，为公私合作创设稳定的法律环境和政策环境，指导公私合作在法治的框架下顺利开展和进行；微观上，公共部门需要构建一系列具体和可操作的制度和机制，例如临时接管制度、市场准入机制、市场退出机制、风险分担机制、纠纷解决机制以及公众参与机制等，促使公私合作可以真正落实。

（2）合作的亲自参加者。公私部门的契约关系中，政府部门是重要的参与主体。作为合同一方的当事人，政府部门亲自参与，遵守合同约定，履行合同义务，承担合同责任。公私合作契约关系中，政府部门不能凭借手中的行政权力随意干涉私营部门正常的建设和运营，也不能随意修改合同的条款，更不能将自己应该承担的风险和责任转移给私营部门。政府部门要尊重私营部门的合同主体地位，尊重其合作伙伴的身份，这是公私合作契约得以正常运行的前提和基本要求。

4.1.3　私营部门与社会公众之间的契约关系

私营部门与社会公众之间也存在契约关系，这是一种民事契约关系。

私营部门按照契约约定的义务，向社会和公众提供基础设施领域的公共产品和服务，获得产品或服务的一方的公众向其支付合理对价，私营部门与社会公众之间的契约关系就此形成。在这种契约关系中，根据私营部门提供的产品或服务的质量和价格，社会公众具有自由选择的权利。同时，因为私营部门本身具有的独特优势，与公众消费者的联系紧密，对于公众的消费与服务需求更加了解。消费者的及时反馈是私营部门提升产品或服务质量的有利途径。

在这种契约关系当中，政府部门主要承担以下角色。

1. 合作的监管者

私营部门作为最重要的市场主体，在市场经济活动当中，以追求经济利益最大化为终极目标，这本无可厚非，而且还是促进市场经济充满活力的强大的原动力。但是对于基础设施建设来讲，因其具有公共属性，关乎社会利益与公众利益，私营部门的经济行为就必须严格限定在特定的范围，这是私营部门自身无法自觉做到的，因此需要政府的监督和管理。公私合作当中，私营部门从设计、建设到运营、维护的每个环节都离不开公共部门的监管。基础设施产品和服务供给主体的转移，公共部门的监管责任并没有随之转移。

2. 私营部门与公众争端的解决者

公众作为基础设施产品和服务的直接消费者和最终受益者，与公私合作的关系实际上更为密切，只不过相对来讲处于比较"隐蔽"的地位，如果公众的利益受到私营部门的损害或者与私营部门就公共产品和服务产生某种争端，就需要由公众的"代言人"政府出面来承担保护公众利益以及协调争端等责任。同时政府也要对私营部门的利益予以保护，对其与公众之间的纠纷和争端予以化解。因此，公众对于私营部门提供的公共产品或服务的质量、价格等有异议，公众与私营部门之间就公共产品或服务产生纠纷，或者私营部门的行为给公众造成损害等，应该由公共部门出面进行协调解决。

4.2　公私合作契约关系中契约主体角色担当的困境

　　由于基础设施领域公私合作中多重契约关系的存在，为保证契约的正常运转，自然对于各个契约主体的角色担当提出了相应的要求，需要其按照各自角色要求进行角色责任履行。然而，由于公共部门、私营部门以及社会公众等契约主体的"有限理性"，契约主体内部均存在不同程度的"失灵"现象，由此导致契约主体的角色担当困境。以下进行详细论述。

4.2.1　私营部门角色困境：市场失灵与企业社会责任缺失

　　毋庸置疑，市场经济是迄今为止最有效率的资源配置方式，这是最大限度地利用了"经济人"本性的结果，"经济人"的本性就是努力追求经济利益的最大化。事实上，在"经济人"追逐自身利益的过程中，不自觉地会使全社会整体的经济效率得到提高，这是"经济人"带来的正面效应。市场经济的特点就是要充分利用"经济人"的本性，将这种正面效应发挥到最大化。然而，正如硬币具有两面性，"经济人"本性存在正面效应的同时，也同样存在负面效应，那就是会产生"市场失灵"，市场失灵是"经济人"自身永远无法克服的顽疾。另外，市场经济体制下，私营企业只顾追求自身经济利益最大化，难免忽视对于企业社会责任的承担，有损社会利益与公共利益，这都是私营部门在基础设施领域公私合作过程中不得不面对的角色困境。

1. 市场失灵

　　市场失灵是国内外运用公私合作制供给基础设施产品或服务都会遇到的共性问题。市场失灵是指市场机制无法发挥有效配置资源的作用，以及市场机制无法实现效率以外的非经济的公共目标。从宏观角度来看，基础设施领域公共产品和服务供给中，市场失灵主要表现为自发性、信息不对称以及市场垄断等。①

实践当中，"市场"与"计划"，这两种工具既可以在经济领域组织生产、配置资源，也可以进行意识形态竞争。例如，第二次世界大战结束后，英国作为典型的市场经济国家，却在基础设施领域的各行各业普遍实行国有化，导致市场化严重萎缩。此时的"市场"只是带有意识形态的宣传作用，为了向社会主义国家证明自身存在优越的模式。冷战终结后，新自由主义思潮兴起，英国撒切尔夫人政府重新主张"市场"回归，英国从国有企业着手市场化改革，开始了"去国有化"运动。② 从 20 世纪 80 年代开始，原来国有化的行业迅速民营化。区别于英国拥有大量国有企业，美国在州级和市级政府都存在政府直接生产和供给的公共产品和服务，在民营化的浪潮之下，美国的公共产品和服务走过了一条"公有公营"—"公有民营"—"民有民营"的发展道路。经济学家普遍认为，英美国家的公私合作制改革运用了市场机制中的价格、竞争等手段，值得表扬与提倡。然而，必须要看到，私人领域在配置资源时具有自发性，这种自发性传导到基础设施领域可能会导致公共产品和服务供给的盲目性，进而对公共资源造成极大浪费。

基础设施建设公私合作中同时存在着信息不对称的弊端，具体表现在：基础设施建设的公私合作制改革，对于私营部门的融资能力、专业知识以及管理经验更为强调和推崇，因此，在这些方面，私营部门具有更大的权威性和垄断能力。传统上由政府垄断基础设施的供给模式中，由于信息不对称导致公众知情权受阻的情况，在新的公私合作中并没有得到有效改善。而且，由于政府部门和其内部官员对于基础设施项目的技术能力与管理经验的实质性缺乏，加之本身对公共产品和服务的建设和运营转移给私营部门之后的"责任放松"，导致公共部门对于项目的信息管理重视程度不够。另外，由于私营部门的财务信息与管理信息的不透明，尤其是公共产品的价格信息和质量与服务信息的不透明，导致实践中公众利益受损的现象经常发生。

基础设施领域公私合作中，供水、供电、供热、供气等基础设施因其

---

① 参见白祖纲：《公私伙伴关系视野下的地方公共物品供给》，苏州大学博士学位论文，2014 年，第 136 页。

② 参见白祖纲：《公私伙伴关系视野下的地方公共物品供给》，苏州大学博士学位论文，2014 年，第 137 页。

自身的特点，决定了垄断经营比分割经营更有效率。但是，经营主体唯一化之后，私营部门容易滥用市场支配地位，排除、限制竞争，产生抬高价格、降低品质、延迟供给等问题。而且，私营部门通过市场准入竞争，最终拥有基础设施领域某种公共产品或服务的独占权，名义上是为全社会和公共利益谋福祉，但是对于经营者来讲，更重要的是由于独占权获得的经济利润和超高收益。私营部门的垄断地位加上经济利益最大化的驱使，公共产品和服务的供给难免不出现各种实际运行问题。

2. 企业社会责任缺失

企业社会责任，即 Corporate Social Responsibility，简称 CSR。各种机构曾对企业社会责任给出过不同的定义，如"世界可持续发展商业委员会"① 和《国家电网公司 2005 社会责任报告》②。我国 2005 年修订的《公司法》也首次纳入了企业社会责任的相关法律规定。③ 事实上，法律规定并不一定对应相应的法律义务，由于此条规定并未对企业增加任何具体法律义务，无法作为依据在具体案例中判断企业的行为合法或者不合法，因此上述法律条文更多的是起到"道德号召"的作用。

本书所指企业的社会责任，主要是指营利性企业的社会责任。因为，政策性企业与社会企业等企业的宗旨就决定了承担社会责任是其应有之义。责任，即 Responsibility，是指赋予角色的权利与义务，包括法律与道德层面的双重角色定位。④ 企业社会责任主要就是伦理道德领域的角色责任，这是无法通过国家强制力保证实施的。企业社会责任的这种特点就意味着企业社会责任只能通过社会进行规制，而不能通过法律规制。企业的

---

① 世界可持续发展商业委员会（World Business Council for Sustainable Development）对于企业社会责任的定义经常被广泛引用：这是企业做出的一种持续性承诺，遵守道德规范进行经营，既要为经济发展贡献力量，也要改善企业员工和家人的生活品质，更要有助于实现社会整体生活质量的提高。也有学者认为，企业社会责任是指企业在赚取利润的同时，主动承担对环境、社会和利益相关者的责任。参见冯宗智：《社会责任不等于认证》，载《科技智囊》2004 年 11 月 16 日。

② 《国家电网公司 2005 社会责任报告》，是中国企业发布的第一个关于企业社会责任的专门报告，其中企业社会责任被定义为"企业对所有者、员工、客户、供应商、社区等利益相关者以及自然环境承担责任，以实现企业与经济社会可持续发展的协调统一。"参见国家电网公司：《国家电网公司 2005 社会责任报告》，载《华北电业》2006 年第 2 期，第 1 页。

③ 我国《公司法》第 5 条规定："公司从事经营活动，必须遵守法律、行政法规。遵守社会公德、商业道德，诚实守信，接受政府和社会公众的监督，承担社会责任。"

④ 参见史际春、肖竹、冯辉：《论公司社会责任：法律义务、道德责任及其他》，载《首都师范大学学报》（社会科学版）2008 年第 2 期，第 41 页。

社会责任，通常是指企业承担超出法律强制规定要求之外的自愿行为，是企业对自己日常经营管理行为自愿增加的约束条件，这反映出社会对于企业的期待。我国当前倡导企业进行社会责任建设，即是要求企业在追逐商业利益的同时，不能无视社会道德和社会整体福利。

基础设施领域公私合作之中，对于私营企业的社会责任的要求就是，私营企业在提供基础设施产品或服务，取得经济利润的同时，应当具有商业伦理道德和社会责任意识。应该最大限度地将企业的追求与公共的需求融为一体。因为这一方面可以激励企业赢得利润，另一方面还可以促进企业外部利益的获得。① 公共产品领域之所以与完全的私人产品领域不同，就在于后者崇尚市场竞争，而前者排斥市场竞争。企业的社会责任作为内部激励机制，就成为公私合作模式当中私营部门承担风险与公共责任的重要因素。这就要求私营企业具有公共责任与人文情怀，除了努力实现自身利益最大化，也要兼顾其应当承担的社会责任。然而，企业在自由化与市场化的大背景下，在经济利益最大化的驱使下，往往失去企业本身应有的社会责任底线，如此一来，最终受损的还是社会总体福利与公共利益。企业缺乏社会责任的表现诸如，私营企业在基础设施建设中偷工减料、以次充好，想尽办法降低生产成本；提高公共产品和服务的价格，降低公共产品和服务的质量，让不得不消费的公众苦不堪言；因为盲目运营、缺乏管理经验导致环境污染与资源破坏等。此种情况下，不但会使企业自身陷入公共危机，公私合作的失败也终究无法避免。

4.2.2 政府角色困境：政府多重角色之冲突

正因为"经济人"追求经济利益最大化的本性容易导致"市场失灵"，并且作为重要的市场主体，企业自身容易丧失对于社会责任的关注，因此就需要政府部门对其进行监管，克服"市场失灵"的弊端。进入垄断资本主义时期以后，市场经济的自由发展带来的负面性逐渐显现，1930 年左右出现的资本主义世界经济危机使人们认识到市场经济并非没有弱点，自由放任的经济学思想也受到越来越多的质疑，因此最终被凯恩斯主义取

---

① 参见徐飞、宋波：《公私合作制（PPP）项目的政府动态激励与监督机制》，载《中国管理科学》2010 年第 3 期，第 165 页。

代。凯恩斯革命以"罗斯福新政"为起点，以 1936 年出版的《就业、利息和货币通论》为理论指导，主张利用"政府干预"的经济思想，抢救陷入困境的资本主义制度，并试图借此消除经济危机，使资本主义制度永葆青春。在该思想的影响下，亚当·斯密的国家"守夜人"模式不得不让位于凯恩斯的"国家干预"模式。于是，国家权力更加广泛而深入地渗透到市民社会的方方面面。

传统模式下，政府内的部分精英群体被认为具有全能理性，即"人类理性具有至高无上的地位，因此，凭借个人理性，个人足以知道并能根据社会成员的偏好而考虑到建构社会制度所必需境况的所有细节"。① 然而这种只依靠一部分具有"完全理性"的精英就能组成全能政府的观点受到哈耶克的警告，批评其为"致命的自负"。事实上，指望政府内部个人或集团作为社会的代表，因此做出完全正确的公共决策其实是不现实的。因为只有公众个人才清楚自己的利益需求，不能仅仅依靠政府的理性进行抉择。但是，政府也是有限理性的政府，一边要克服公共领域的"市场失灵"，一边还要克服自身的"政府失灵"。"公共物品供给实际上是一个公共选择的过程，由于政府'理性经济人'的缘故，必然出现公共物品领域的双边垄断、信息不对称和预算最大化问题，从而导致公共选择过程中的政府失败。"② 这就说明，政府的理性确实不应该被过分夸大。

根据前文的论述，基础设施建设公私合作改革中，在公共部门、私营部门以及社会公众之间形成了多重契约关系。其中，政府部门因其身份的特殊性，决定了它在每层契约关系中都要发挥重要作用，与传统模式相比，政府的角色变多了，责任也相应加重了。并且，由公私合作契约关系本身多元性和复杂性的特点所决定，政府的每个角色下都存在相应的角色责任。多重契约关系下政府多重角色加身，理论上需要政府能够在各个角色之间进行自由角色转换。然而实践中，公私合作的多重契约关系下，政府的角色责任履行的如何呢？是否都清晰、明确和到位呢？答案恐怕是否定的。事实上，多重契约关系下，政府在各个角色的转换过程中，经常容易发生各种冲突，而且由于政府对于自身角色认识不清晰，还存在角色之

---

① 参见［英］哈耶克：《致命的自负》，刘戟锋等译，东方出版社 1991 年版，第 71 页。
② 参见吴光芸、方国雄：《市场失灵、政府失灵与非营利组织失灵及三者互动的公共服务体系》，载《四川行政学院学报》2005 年第 1 期，第 20 页。

间的协调难题。由于角色不清晰导致政府应该履行的职能和责任不到位，进而无法完成契约关系对于政府角色的要求，形成了政府的角色困境。

1. 政府作为合同签订者与民意代表者的冲突

政府部门作为合作方与私营部门订立合作合同，是合同的签订者。作为合同的当事人，政府部门在公私合作中需要遵守合同规则，履行合同义务，承担违约责任等。政府部门虽然是公共利益的代表，但是对合同却不能随意进行修改。如果没有履行合同约定，也要承担相应的法律后果。如果政府部门因为公共利益的需要确实需要变更或者终止合同的，也应该对给私营部门造成的损失依法进行合理赔偿。同时，政府对公众有着政治责任，这是由二者之间存在的内在的社会契约关系所决定的。政府部门是民意的代表者，要通过合理的制度和机制对公众的各种各样的要求和意愿进行收集和反映。基础设施领域公私合作的目的就是提供公众最迫切需要的公共产品和公共服务。

"理想"状态下，政府部门没有自己的利益，始终是社会公共利益的代表。然而现实状态下，作为公共利益代表的政府存在自己的部门利益或小集团利益。基础设施领域公私合作模式的推广中，地方政府作为合同签订者的初衷并不相同，有的地方政府是为了缓解财政压力，减轻财政负担；有的地方政府是为了招商引资，没有经过详细的事前论证；还有的地方政府甚至是为了树立"政绩工程"与"形象工程"等，这些并不是从公共利益的根本需求出发，作为与公众密切相关的基础设施建设，人民的意愿没有得到真实的表达与反映。此种情况下，政府作为合同签订者与民意代表者的角色发生了冲突。

2. 政府作为规则制定者和监管者之间的冲突

公私合作模式中，政府部门的角色发生转变，由传统模式下公共产品和服务的直接提供一方转变为规则制定一方。具体来说，宏观上，政府部门通过制定法律法规体系，为公私合作双方提供稳定的制度环境与法律环境。微观上，政府部门通过实际和可操作的制度和机制来保证公私合作模式的真正落实。而政府部门在公私合作中的另一个重要角色就是监管者。因为，私营部门作为市场主体，具有追求利益最大化的天然动机，这有可能会对消费者尤其是社会弱势群体的利益造成损害。政府部门的监管不只是对私营部门提供的公共产品或者服务的事后监管，还包括防止私营部门在提供产品或服务的过程中的不当行为的事前监管，整体上讲是全程监管。政府部门对公私合作项目的监管主要依据是法律法规和与私营部门之间签订的合同。

法律法规因本身具有高度权威性，公私部门通常情况下都会严格遵守。然而，对于签订的合作合同，双方就可能无法彻底和严格执行。实践中，私营部门违反合同约定的情况并不少见，这里要重点指出的是政府部门的"违约"情况。政府作为主管部门，本该根据合同中对双方权利义务的约定，以及合同中对于私营部门提供的公共产品或者服务的质量和价格等约定，对私营部门进行监督和管理。然而，政府作为主管部门，处于强势地位，既是"运动员"又是"裁判员"，对于自身的监管和"问责"难以到位，对于规则的执行不彻底，更容易利用手中的权力去修改合同的部分条款。此种情况下，政府部门在规则制定者和监管者的角色之间就产生了冲突。

3. 政府作为合同签订者与最终责任承担者之间的冲突

政府作为天然的公共责任人，不管基础设施领域的供给模式是传统的政府垄断提供，还是进行市场化改革后由公私部门合作提供，归根结底，政府的公共责任永远不会免除。基础设施领域实行公私合作制后，基础设施产品和服务由私营部门负责生产和运营，但是这并不是说公共部门的责任也一并转移出去，政府的责任并没有丧失，依然存在。因为政府与公众的社会契约关系的存在，政府始终都是最终责任的承担者。如果私营部门履行义务达不到合同约定的标准，或者提供的产品和服务不能满足公众的需求，政府就必须设法继续完成公共产品或服务的提供，并承担相应的损失和责任。

但是现实中，或者是为了证明当初对私营合作伙伴的正确选择，或者是为了证明自身行为的合理合法，或者是为了获得良好的绩效评价，总之，政府部门存在逃避因自己当初合同签订错误而导致责任承担的可能性。公私合作如果出现失败的情况，此时政府为了减轻最终责任的承担，就容易将责任推卸给私营部门。这种情况下，政府在合同签订者和最终责任承担者角色之间就有可能存在冲突。

4.2.3　公众角色困境：公众参与缺失

基础设施领域的公私合作当中，市场与政府都有自己的角色局限性，都有可能产生"失灵"。此种情况下，社会公众等第三方主体的力量就越发被强调出来，被认为是克服"市场失灵"与"政府失灵"的重要途径。然而，公众自身也同样存在问题，阻碍其作用的有效发挥。例如在我国当前的基础设施建设公私合作制改革当中，公众参与的积极性普遍不高，社会公众的利益表达机制也有不同程度的缺失。这是因为在公共政策制定方面，公众参与仍然面临许多现实困境，这些现实困境使公众参与受到各种排斥，不但妨碍公私合作制度和安排效能的有效发挥，而且使得民主化的进程也遭受到严重影响。① 本书认为，基础设施领域的公私合作制改革是国家层面的一项公共政策，但是，公众在此项公共政策制定当中存在参与缺失，面临自身的角色困境。

1. 传统文化理念的桎梏

基础设施领域改革的公共政策制定属于政治行为，公众想参与其中，难免会受到意识形态和政治文化的多重影响。其中，政治文化在很大程度上决定了公众参与的行为方式和参与程度。由特定的历史传统所决定，我国向来推崇"官本位"的政治文化，此种影响下，公众参与受到压抑，公众利益表达更是无从谈起，公众参与的热情受到传统文化理念的桎梏。长期封建社会的历史传统，造成的后果就是公民意识淡薄，使公众形成了对于政治权威盲目崇拜和绝对服从的心态。国家的荣誉和利益始终是首位，个人的权利自由甚至是生命都要服从国家利益。现代民主社会当中，公众的地位发生变化，成为国家真正的主人，参与公共政策的制定既是权利也是义务。公众的角色从原来的"臣民"转变为现在的"公民"，但是遗憾的是，这种传统的落后的文化理念的影响直至现代社会的今天仍未完全消

---

① 公众参与存在的困境具体包括：制度困境、政治文化困境、组织系统困境、法制保障困境、技术困境、公众心理困境以及公众自身的素质困境等。参见郭涛、李莉颖：《公共政策制定的公众参与困境问题分析》，载《经济论坛》2005 年第 10 期，第 4 页。

失，公众参与远未形成文化上的自觉。

2. 制度与体制上的障碍

公共政策是一个国家的集体决策，应该是社会各界利益的聚合与反映。在我国的政治环境之下，公共政策的制定大多数是国家主导的、"自上而下"的统一规划，其中很大程度上体现的是政府自身利益的表达。有学者称其为"内输入"的政策制定模式，具体来讲，就是在利益分化尚未明显的状态下，进行公共决策时人民处于被政府代替的地位，从而形成的利益表达的主要方式。[①] 在此种政策形成的客观环境下，公共参与面临着严重的制度上的障碍。正如在计划经济体制下，社会利益多元化状态还未形成，公众只能被动接受政府内部独自作出的公共决策。然而事实上，这种"合理性"只存在于当时的特殊国情之下。因为我国的政策环境在改革开放的大潮中变化显著，多元的社会利益开始走向分化，公民的意识迅速觉醒，公众参与意识极大提高，这些变化都逐渐反映出计划经济体制下的公共决策模式的不合时宜。

当前，我国公众主要通过"人民代表大会、民主党派及社会团体、大众传媒、群众自治组织、信访与对话等渠道"进行利益表达。[②] 然而，面对当前社会利益格局的深刻调整，现有的利益代表组织无法充分反映出公众越来越复杂的不同的利益诉求，而且，现有的制度和体制缺乏对公众参与进行完备的制度准备，现有的渠道或者不畅通或者缺乏有效性，阻碍了公民利益诉求的表达的路径。另外，如果公共部门的公共决策受到某些强势利益集团的利用和影响，制定出的公共政策对于公共利益的损害就会更加明显，尤其是对于缺少自身利益代表的社会上的弱势群体来讲危害性更大。例如，基础设施建设当中，对于土地征用政策，地方政府和开发商的权力与资本强势联合，以微小的代价获取极高的利润，就可能对部分被征地农民的利益造成损害。城市拆迁过程中也可能损害某些市民的正当利益。应该注意到，现有体制内如果无法对我国某些弱势群体的利益诉求进行维护，产生的后果就是，体制外的途径就会被无限发掘，社会矛盾可能

①　参见郭涛、李莉颖：《公共政策制定的公众参与困境问题分析》，载《经济论坛》2005年第 10 期，第 5 页。

②　参见赵光侠：《社会转型期弱势群体利益表达的困境出路》，载《政治文明》2007 年第 4期，第 17～19 页。

由此激化，最终威胁社会的稳定。

3. 政府部门利益与公共利益的取舍

公共政策是对公共利益的集中反映与分配，公共利益应当成为公共政策制定的最高和唯一的价值准则。但是，市场经济体制中，利益多元化的背景下，政府部门事实上同样存在自己的利益，表现为地方利益、部门利益、官员利益以及小集团利益等。事实上，政府是在经历了公共利益和自身利益之间取舍过程之后，才最终制定出公共政策。而这时公共利益与政府利益是否具有一致性，就成为公共政策制定是否有利于公众利益问题的关键。如果两者利益统一，公共利益的表达就会变得顺畅；但是如果二者有冲突，政府部门有可能就会倾向于实现自身利益而忽视公共利益。此种情况下，政府官员就有可能主动进行某些行为为公众设置参与的障碍，提高公众参与的成本，总之想尽办法阻止公众参与到公共政策的制定过程当中。加之极少部分地方政府及官员存在寻租与腐败现象，严重影响公众对于政府的信任感，也就更加影响公众参与公共政策制定的积极性，公众利益表达的某些实现形式也就更加形同虚设了。

第 5 章　我国基础设施领域公私合作契约的现实运作问题

如前所述，公私合作契约关系当中，契约主体存在各自的角色困境，在这些角色困境的影响下，基础设施领域公私合作契约的现实运作情况并不理想，并且暴露出了很多问题，严重影响公私合作实践活动的顺利推广和进行。以下按照合同通常的进展顺序，分别对合同的订立、合同的履行、合同的终止以及合同争议的解决等进行详细论述。因为基础设施领域的公共属性，还需要涉及政府的监管和公众参与。

5.1　合同主体的价值理念矛盾

公共部门与私营部门之间进行公私合作的前提，是因为双方建立了正式的合同关系。作为公私合作合同关系中最重要的两个主体，政府与私营部门的价值理念对于合作的建立与展开具有十分重要的引领作用。但是，当前我国公私部门进行公私合作时的价值理念存在较大差异，具体表现为，公共部门高度关注融资功能，而私营部门高度关注投资收益。可以看出，双方价值理念"各自为政"，存在较大矛盾，同时对社会公共利益有所忽视。此种情况下，公私合作势必难以取得预期的效果。

5.1.1　公共部门高度关注融资功能

融资功能是 PPP 模式最早被人们认识到的功能，甚至直到现在还有很多人把 PPP 认定是一种融资模式。确实，PPP 模式最初兴起的主要目的就是为基础设施与公用事业筹集资金。当前，我国正值新型城镇化进程的快速推进阶段，国家统计局数据表明，2014 年我国的城镇化率已达到 54.77%。基础设施建设是新型城镇化进程中极为重要的物质基础，《国家新型城镇化规划（2014～2020 年）》已经明确提出到 2020 年，我国新型城镇化进程中基础设施建设方面所要实现的具体指标。① 据国务院发展研究中心测算，2013～2020 年，我国新型城镇化融资需求动态总量为 35 万亿元。而政府财力供给能力只能解决 24 万亿元（政府财力供给主要通过财政税收、地方举债以及土地出让金等途径），还存在 11 万亿的融资缺口亟待填补。② 新型城镇化能否顺利推进，与融资问题能否顺利解决密切相关。

基础设施具有投资规模大、建设周期长的特点，这就决定了基础设施建设对于资金的巨大需求，因此基础设施建设资金来源是亟须解决的问题。我国基础设施投资资金来源主要由预算资金、国家贷款、利用外资、自筹和其他资金几部分构成。其中，传统的基础设施建设资金主要来源于预算资金和国家贷款。据统计，我国全社会固定资产投资中，预算资金占总投资的比重逐年降低。③ 2008 年国家推出积极的财政政策支持基础设施建设，但是积极的财政政策毕竟不可持续，预算资金对于基础设施建设的投入仍然满足不了当前的实际需求。国家贷款方面，总体上依然呈现逐渐下降的趋势。通常支持基础设施建设的多为可以提供长期低息贷款的国家政策性银行，但获得贷款的一般仅限于国家级的重点支持项目，惠及范围有限。商业银行方面本身面临防范金融风险的重任，加之基础设施建设周期长达十几年甚至几十年，与商业银行的资金短期性的运营模式存在矛盾，而且贷款利率和贷款程序等一系列问题更加限制了基础设施建设中商业银行贷款的获得。而利用外资方面，本来外资占基础设施建设投资比重就比较小，而且当前仍然呈现下降趋势，因此也无法成为我国基础设施建设的主要资金来源。

---

① 具体指标参见国务院《国家新型城镇化规划（2014～2020 年）》，载中国政府网 http://www.gov.cn/gongbao/content/2014/content_2644805.htm，2016 年 3 月 4 日访问。

② 参见陈伦盛：《"十三五"时期新型城镇化投融资模式的改革与创新》，载《经济纵横》2015 年第 6 期，第 7 页。

③ 参见王晓腾：《我国基础设施公私合作制研究——基于公共部门行为》，财政部财政科学研究所博士学位论文，2015 年，第 87 页。

　　在此种形势之下，囿于国家财政资金和其他途径资金来源的限制，基础设施领域的资金投入与供给存在严重不足。只由政府独自提供公共服务的传统方式已经显得力不从心，政府必须开始调整公共服务提供原有的思维方式，思考建立新的合作关系，寻求新的合作伙伴。解决办法就是将具有资金优势的社会资本吸收进来。正是由于上述原因，我国政府推广 PPP 模式的态度明显更为积极。毋庸置疑，缓解财政资金紧张，事实上已经成为政府进行公私合作制大力推广的主要现实动因。

5.1.2　私营部门高度关注投资收益

　　市场主体作为"经济人"，具有逐利的本性。公私合作当中，私营部门作为重要的市场主体，经济利益是其进行经济活动的根本动力，投资利益最大化自然也是其追求的终极目标。事实上，当前我国 PPP 项目签约数量少，PPP 模式落地难，正是私营部门担心投资回报，高度关注投资利益最大化的集中反映。

　　当前，我国各级地方政府的财政支出能力有限，而国家又规定每年度 PPP 项目支出需要纳入财政预算，并且不能超过一般公共预算支出的 10%，地方政府在 PPP 项目支出方面的资金受到极大的压缩。这就使得与一般市场化项目的投资收益相比，PPP 项目的回报率普遍不高。另外，有些地方政府对于 PPP 的创新体制和机制的内涵理解不到位，简单将其作为融资工具，发展 PPP 就是为了"甩包袱"。这些错误认识导致的后果就是，政府与私营部门合作缺乏诚意，也不愿意发展现金流预期明朗的好项目，这使得私营部门对于政府的信用难免有所质疑。因为以往的许多事例表明，政府方面因为经济原因、政治压力或者其他原因，有可能单方面违背当初签订的合同，有时还可能以各种手段阻碍 PPP 项目的正常运作，这都让私营投资者失去投资信心。

　　于是目前，各地 PPP 项目的落实情况并不理想，这与政府的热情推动形成强烈反差。① 尽管 PPP 进程不断推进，然而据统计，目前国内 PPP 示

---

　　①　某研究机构报告结果显示，"2014 年 9 月，我国 34 个省市区地方政府推出了总额约 1.6 万亿元的 PPP 项目，但截至 2015 年 3 月真正签约的项目投资金额仅为 2100 亿元，占投资总额的 1/8。"参见刘雨萌：《PPP 项目落地难发展重在契约精神》，载前瞻网 http：//www. qianzhan. com/analyst/detail/220/150806－10c5317c. html，2016 年 1 月 20 日访问。

范项目签约率却仅有10%～20%。发改委投资司副司长罗国三也指出，目前全国各地 PPP 项目大概只有 20% 签订了合同。可见，对于 PPP 项目的参与，社会资本还多持观望态度，因为投资回报是其首要考虑的因素。由于政策风险、法律风险、政府信用风险等大量风险的广泛存在，加之 PPP 项目投资规模大、建设周期长等特点，私营部门多不敢轻易试水。因此，有人指出，目前各级政府在推进 PPP 模式中存在"三高一低"现象。①

5.2　合同订立存在的问题

PPP 模式推行的早期，由于政府与私营部门双方都缺乏经验，订立的合同形式往往很简单，以政府红头文件代替合同的事情也多有发生，然而，巨大的代价之下留下的是惨痛的教训。应该明确的是，PPP 项目的实施、绩效评定等一系列工作，在项目开始之前就应进行详细规划和协商。要防止事前仅凭几张纸草率开工，事中行为没有凭据，事后责任无从追究等"历史"的再次重演。应该看到，与早期开展的公私合作模式几乎没有合同，无凭无据相比，近年来基础设施领域公私合作推广中的合同环境大为好转，但是仍然暴露出一系列问题。比如我国基础设施建设公私合作当中部分具有典型意义的失败案例，就反映出合同订立阶段，在交易相对人选择上存在的诸多问题。另外，合同订立阶段，缔约双方存在的过失行为也是影响合同日后履行的重要原因。

5.2.1　交易相对人选择问题

基础设施领域公私合作当中，合同订立阶段的一项重要工作就是对于合同交易相对人的选择。通常情况下，需要公平选择具有较强专业能力和融资实力的交易相对人作为合作伙伴。但是，在我国以往的某些地方实践当中，地方政府却并非遵循这种选择标准，也因此产生了不少的问题。

---

① "三高"是指政府领导对推广运用 PPP 的期望高、央企和地方融资平台参与 PPP 的兴趣高、中介咨询机构提供咨询服务的热情高。"一低"就是 PPP 真正意义上的私人资本，如民营资本和外资的参与度低。参见丁伯康：《PPP "三高一低"困局亟待打破》，载中国城市投资网 http://www.cfacn.com/detail.asp? nid = 8966，2016 年 1 月 20 日访问。

1. 出价高低成为选择交易相对人的重要条件

中国台湾高铁 BOT 项目是公私合作合同交易相对人选择失误的著名典型。台湾高铁是台湾地区唯一的高速铁路，也是台湾首个采用 BOT 方式兴建的大型公共工程，因为成本高达 4500 亿新台币，成为全球规模最大的 BOT 项目。1997 年，经过重重筛选，在最后的竞标环节，台湾中华高铁联盟与台湾高铁联盟展开激烈竞争。台湾中华高铁联盟提出，投资的前提是台湾当局需要投资 1300 亿新台币，台湾高铁联盟则表示不用台湾当局出资一分钱，最终台湾高铁联盟在竞争中胜出。1998 年，台湾高铁公司由台湾高铁联盟组建成立，并与台湾高铁管理部门签订了特许经营协议（为期 35 年），以及高铁站台周边开发协议（为期 50 年）。然而，双方合同签订以后，台湾高铁管理部门的"噩梦"也就此开始了。先是台湾高铁公司单方解除了与欧洲铁路公司事先签订的技术合同，重新选定日本新干线，这一合同变动直接导致项目财务超支。截至 2003 年，项目超支费用已高达 570.4 亿新台币。也就是在这之后，台湾高铁公司多次深陷财务危机不能自拔，并且开启了向高铁管理部门寻求援助的"无底洞"模式。先是由隶属于行政管理部门的"经济计划与发展委员会"向其提供 2800 亿的长期贷款，作为其向银行贷款的保证金。后有两个组织分别提供 50 亿新台币和 30 亿新台币的投资。截至 2002 年，台湾高铁管理部门投资金额为 2880 亿新台币，相当于总投资的 80%，而高铁公司的几大原始股东只投入资金 419.9 亿新台币，仅占总投资的 12%，违反了当初 20% 的投资承诺。[①] 继前期投资之后，台湾中华航空事业发展基金会和财团法人中技社分别投资 45 亿和 30 亿的新台币。最终，台湾高铁公司中持股比例前 4 大股东中公营机构就占据 3 席。[②]

本案中，台湾高铁管理部门选择交易相对人的条件过于片面，只想把自己的支出责任降到最低，减轻财政负担，因此没能抵御住对方提出的"免费午餐"的诱惑。于是当局本着"投入越少的方案越有利"的原则，听信"零出资"的承诺，高估私营部门对资金融资和风险管控能力，缺乏

---

① 参见陈玮:《有限理性、公共问责与风险分配：台湾高铁市场化的失败与启示》，载《武汉大学学报》（哲学社会科学版）2014 年第 2 期，第 31 页。

② 参见荣朝和、张宗刚:《台湾高速铁路财务危机问题述评》，载《综合运输》2010 年第 7 期，第 21 页。

对交易相对人合同后期执行能力的判断。导致私营部门趁机利用其弱点不断突破底线，违背当初承诺，把当局资金拉入。事实上，由于前期高估运量的错误决策，举债过多导致利息过重，特许经营期过长造成巨额的折旧摊提费用等原因，台湾高铁投入运营以来一直处于持续亏损状态。截至2015 年 12 月，台湾高铁累积亏损已经达到 500 多亿新台币，陷入财务困境，濒临破产。民众作为纳税人，极有可能要为高铁管理部门的不当行为买单。经过十几年的财务纠缠，数轮激烈的博弈之后，如今台湾高铁财务改革方案终于通过，走向公有民营，台湾高铁 BOT 案就此宣告失败。台湾高铁作为成功的工程，却成为最失败的 BOT 项目，这与高铁管理部门对合同交易相对人的选择错误直接相关。

"兰州威立雅水务项目"也可以算作政府"选错人"方面的反面典型。2007 年 1 月，威立雅水务集团为获得兰州污水处理项目给出 17.1 亿的高报价，相当于溢价 35%，最终取得项目 45% 的股份，获得了 30 年的特许经营权。这种以高溢价方式吸引外资的模式曾被称为"兰州模式"。在威立雅水务集团多次涨价申请之下，2009 年 7 月 20 日，甘肃省发改委组织进行兰州居民用水定价听证会，"高溢价收购倒逼水价上涨"也成为人们热议的焦点。而政府方面最后给出的结论是：高溢价引入外资与兰州市提高水价并无直接因果关系。[①] 然而，据调查，就在 2009 年的 11 月、12 月，我国上调或计划上调居民水价的城市就达 24 个，其中高溢价转让的自来水公司占了多数。威立雅集团在进入我国的 20 多年间，多次凭借溢价竞争的方式取得水务项目，据不完全统计，其与地方政府签订的水务项目合同已经多达 22 份。这也表明地方政府出于招商引资与吸引外资的政治诉求，对于财力雄厚的企业（尤其外资企业）有着格外偏好，"价高者得"，为外资顺利进入我国市场创造了方便条件。事实上，对于那些将水务特许经营权授予外资企业而感到"优越"的地方政府而言，他们很难了解这种源于法国的水务特许经营，最初竟然与腐败和贿赂有关。法国早年地方竞选的部分经费就来自于当地水务公司的提供，而这些经费自然需要从购买自来水的居民支付价格中提取。最终地方政府在选举结束后，通过特许经营的方式将供水权授予提供过竞选经费的水务公司，垄断经营之

---

① 参见孙春艳：《兰州：水价上涨的考验》，载《中国新闻周刊》，2010 年 2 月 24 日。

下大型资本财团由此产生。① 正是由于政府一方面希望国有资产保值增值，一方面又要为城市基础设施建设筹集大量资金，双重压力之下，交易相对人选择上自然尤其会向出"高价"者方面倾斜，但是公众往往仍然是最终的买单者，受损的还是公共利益。

2. 政府忽视对交易相对人的资质考察

2009 年"湖北省南漳县浊水事件"就是由于政府选择合作企业时忽视经营者资质考察，缺乏经验酿下的苦果。2009 年 5 月 28 日，南漳县居民发现家中水龙头流出浑浊泥浆，经县卫生监督局抽样检测，水质浊度高达 5200 度，远超"水质浊度不大于 3 度"的国家标准，此事件给当地居民生活带来很大不便，引发居民强烈不满。对于此次浊水事件，自来水公司给出的原因是当地集中暴雨造成供水水源水库超过容纳限度，水质浑浊为洪水冲击将水库底层泥沙翻起所致。但是县水质问题调查组的调查报告认为，民营化的县自来水公司片面追求经济利益，公司内部缺乏监控机制是造成此次事件的主要原因。而且，事件发生后仍未及时发现，依旧向居民供水，是对公共安全的极大漠视。这次事件也引发广大居民对于自来水公司民营化的普遍质疑。②

事实上，水质恶化与市政设施民营化并没有必然的联系。但是，南漳县自来水民营化改革中，政府为了缓解原国有企业经营遗留的 2000 万元负债压力，由不懂经营的民营公司一次性买断自来水公司，政府只顾"一卖了之"，却没有尽到监管义务。"南漳县招商引资向来不容易，终于有人来投资，不能赶走"，③ 南漳县领导的无奈之举也暴露出当地政府在合作交易相对人的选择条件上，只重视引资而不考虑企业资质的片面价值取向。地方政府这种"甩包袱"的做法实属不可取。由于地方政府对缺乏资质的企业放松考察，类似的事件在"赤峰供水 BOT 项目"中也曾发生。事件中，取得特许经营权的民营企业"九龙供水"并没有供水企业的相关资质和管理经验，无意之中涉足市政供水行业，政府更多考虑资金来源，

---

① 参见章剑锋：《跨国资本的中国"水买卖"》，载《南风窗》2008 年第 11 期，第 66 页。
② 参见郑燕峰：《南漳浊水事件拷问政府责任》，载《中国青年报》，2009 年 6 月 9 日。
③ 参见左志英：《湖北南漳"泥水门"：供水公司私有化惹的祸》，载《南方都市报》，2009 年 6 月 8 日。

允许其"边建设边拿资质",最终导致重大水污染事件的发生。① 事实上，不管由谁经营，提供公共服务始终是政府不可推卸的责任。对于合作企业资质的忽视，就是对公众利益和社会利益的漠视。

3. 政府对交易相对人的选择方式单一

其一，政府对于招标方式的理解和运用有误。由于基础设施建设的大规模性与高投入性的特点，交易相对人选择方式当中，招标方式一直都受到政府方面的极力倡导。尤其是在 1995 年的广西来宾 B 电厂项目取得成功以后，其所运用招标方式也成为选择经营者的示范方式。但是实践反映出，传统的工程建设招标方式无法满足日益复杂的公私合作交易相对人选择方式的需求。事实上，招标方式并非是公私合作模式选择经营者的首选方式，以往的案例表明招标有时也存在其局限性，比如 2004 年"佛山市高明苗村垃圾填埋场 BOT 项目"的招标教训就值得吸取。在这个 BOT 项目中，政府部门在招标前进行了大量细致的准备工作，但是截至开标日期，投标单位也不足三家。政府通过网络再次发布招标公告，并向五家企业发出招标邀请函之后，截至开标日期仍然只有两家应标，至此两次招标全部流标。此种情况下，佛山市政府及时调整招标方式，采用竞争性谈判方式，与两个潜在投资人进行了技术、财务等层面的谈判，在其中最终选定合适特许经营者，项目最终得以顺利开展。② 可见，招标方式不是实践中政府选择经营者的唯一方式，而且有案例表明也并非首选方式。比如，"新奥燃气"就是除了运用公开招标方式，还运用一对一谈判的方式进入地方燃气供应的。谈判建立阶段，或者是地方政府主动，或是私营公司主动，但是都促成了谈判的进行。谈判成功后，由当地政府发给私营部门特许权文件，允许其在当地独家经营燃气。③ 就连被大力推广的具有示范作用的轨道交通领域的成功案例——"北京地铁四号线项目"，也是北京市交通委与香港投资公司通过竞争性谈判的方式达成合作意向，才取得后来

---

① 参见李松涛：《内蒙古赤峰水污染事件折射公用事业改革困境》，载《中国青年报》，2009 年 8 月 3 日。

② 参见佛山市公用事业管理局：《佛山市以 BOT 模式建设和运营高明苗村垃圾填埋场的做法和经验》，环卫科技网 http：//www. cn-hw. net/html/32/200711/4901. html，2016 年 1 月 20 日访问。

③ 参见史学成：《新奥燃气运营公用事业案例研究》，载中评网 http：//www. china-review. com/gao. asp？id=10679，2016 年 1 月 21 日访问。

的合作成功。①

其二，非竞争性方式存在缺陷。基础设施领域公私合作的实践中，地方政府除了运用招标、竞争性谈判等方式选择经营者，非竞争方式也是经常采用的方式。但是这种方式因为不能有效发挥竞争机制的作用，难以选到适合的经营者。通过非竞争性方式选定经营者的做法在后来的基础设施具体建设和运营过程中已经暴露出其弊端。比如内蒙古赤峰水污染事件，其根本原因之一就是政府缺乏对合作者"九天建化集团"资质的监管，但是归根结底还是因为"九天建化集团"是项目唯一的候选人。虽然此前赤峰市政府在报纸上连续公开发布招标公告，但是没有一家企业愿意参与竞标。政府在找本地其他企业商谈无果后，最后主动找到"九天集团"，提供诸如减免行政事业收费、优先使用土地以及缓交税费等优惠条件，此种情况下，双方才达成合作协议。但是，因为该公司缺少运营经验，又没能及时采取措施控制风险，最终还是导致严重的供水污染事件。除此之外，在"沈阳第八水厂项目"中，中法水务公司也是唯一的候选企业，缺乏潜在投资人导致竞争缺失，政府不得不处于被动位置，项目约定的高回报率最终使沈阳市政府蒙受了巨大的损失。② 可见，非竞争性方式因其对于竞争者没有更多选择余地，经营者的实力无法有效保证，这无疑为公私部门合作的后续开展埋下了隐患。

5.2.2　缔约过失问题

公私合作本质是一种契约，公私合作关系是一种契约关系，这就要求合同双方当事人在合同订立时应当作出真实的意思表示，遵循平等协商，诚实信用的原则。但是公私合作合同订立的实践当中，公私双方仍然存在缔约过失行为，违背了诚实信用原则，给合同的另一方当事人造成了利益损失。

---

① 参见柴晓钟：《构筑特许经营有效模式——北京地铁四号线特许经营模式侧记》，载《施工企业管理》2006 年第 6 期，第 23 页。

② 参见金永祥：《公用事业的招投标——沈阳第八水厂和北京第十水厂的案例》，载天则公用事业研究中心 http：//www. ccppp. org/Item/Show. asp? m＝1&d＝270，2016 年 1 月 21 日访问。

1. 政府部门的缔约过失问题

公私合作现实操作当中，为吸引私营部门投资，部分地方政府在签订合同时，不惜规避已有法律法规的相关规定，努力突破层层审批，存在打"擦边球"和"踩线"的投机行为，这无疑违背了诚实信用原则，是一种缔约过失行为。在这方面，因"固定回报率"而引发的多个案例就很有代表性。

在长春汇津污水处理厂项目中，长春市政府于 2000 年 7 月 14 日发布《长春汇津污水处理专营管理办法》，长春市政府与汇津公司订立合同，从事污水处理厂的建设和经营项目，污水厂在 2000 年投产后运行良好。2003 年 2 月 28 日，长春市政府废止此前颁布的《专营管理办法》，长春市政府的理由是，《专营管理办法》对于国务院有关"固定回报"之规定以及其他有关法律规定有所违反。《专营管理办法》废止后，排水公司停止向汇津公司支付任何污水处理费。汇津公司于 2003 年 8 月向法院提起行政诉讼，但以败诉告终。最终，长春市政府以 2.8 亿元人民币对污水处理厂进行了回购。① 江苏某污水处理厂项目与上海大场水厂项目中，也是因为《国务院办公厅关于妥善处理现有保证外方投资固定回报项目有关问题的通知》的颁布，导致公私部门不得不针对投资回报问题进行重新谈判。可以看出，以上案例的相似之处都是因政府方作出"固定投资回报"的承诺而导致合同最终终止。沈阳市某特许经营项目中，政府方同样约定高额固定回报率，导致合同履行后期沈阳市政府背上沉重的财政负担。事实上，关于"固定投资回报率"的规定确实不合理，因为风险与利益相结合是公私合作的动力机制。国际上也没有固定投资回报的约定，而是约定了投资回报区间，具体投资回报率：如英法海峡隧道为 10%～20%、马来西亚南北高速公路为 12%～17%、泰国曼谷高速公路为 10%～20%，② 风险和利益挂钩是激励私营部门提高服务质量，降低成本的有效措施。由于法律法规的采纳、颁布、变更等导致的项目的合法性、合同的有效性发生变化，从而给合作方带来损失，这实际上是一种"法律风险"或"政府

① 参见张庆才：《汇津事件三问政府》，载《决策》2005 年第 12 期，第 47 页。
② 参见张维然、林慧军、王绥娟：《延安东路隧道复线 BOT 模式之评价》，载《中国市政工程》1996 年第 3 期，第 53 页。

信用风险"，但是从合同订立角度看，属于政府的缔约过失行为，合作方
的利益损失正是由政府方面的缔约过失行为最终导致的。以上案例中，相
关法规中对于"固定回报"的禁止性规定实际上早已有之，但是案例中的
地方政府仍然突破了层层审批，不惜违规操作，政府方面确实存在缔约过
失与不当行为。

2. 私营部门的缔约过失问题

公私合作合同订立中，某些私营部门看到政府在专业知识和实践经验
上的不足和短板，因此滋生投机心理，借此在合同签订上"耍花招"。
"廉江中法供水厂项目"就是因私营部门缔约过失行为而导致政府部门严
重损失的典型案例。

1997 年，中法水务公司和廉江自来水公司签订为期 30 年的《合作经
营廉江中法供水有限公司合同》。1999 年，水厂建成后，廉江自来水公司
认为合同有失公平，就算头顶"不诚信"和"破坏投资环境"的骂名，
也拒绝按照合同约定的价格与数量，购买中法水务公司提供的自来水，导
致水厂长期处于空置状态。由于项目限制，中法水务公司也遭受巨额投资
损失，投资和开销费用至少高达 8000 万以上。这是因为双方订立的《合
作经营廉江中法供水有限公司合同》存在问题，当初双方具体约定脱离实
际，无法完成。[①] 另有分析报告计算得出，若合同履行，30 年后减去合作
的收益，政府方仍将亏损 55 亿元，而中法水务将纯获利 81 亿元。

本案中，表面上看是由于合同在订立时就有失公平，脱离实际，导致
后期难以履行，实际上却是政府部门和私营部门都存在主观过错，双方逐
利的结果。廉江政府方面，处于自身各种利益考虑，盲目引进项目；中法
水务公司方面，充分利用对方在资金、技术和经验等方面的弱点和短板，
最终促使显失公平的合同达成，企图以此来牟取暴利。合同订立本该由双
方进行平等协商，约定的权利义务也不能显失公平。而本案中私营部门为

---

① 关于水量，合同规定的日均购水量为 6 万吨，远高于当地水厂实际供水量；关于水价，
合同规定自来水起始水价为 1.25 元/立方米，并且按照"水价按递升公式"逐年支付，水价增幅
为 8%～12%。然而根据相关计算显示，水的成本高达 4.58 元/立方米，而当时自来水平均售价
为 1.55 元/立方米，第一年就将亏损 2400 多万元。参见邱敏、关家玉、李颖：《广东廉江引资
1669 万美元建成水厂后空置 8 年》，载西部网 http：//news. cnwest. com/content/2007 - 06/19/con-
tent_569562_2. htm，2016 年 1 月 20 日访问。

了追逐经济利益最大化，提出不平等条款迫使政府给予最大限度优惠，加之政府在决策程序和能力上本身不足，最终导致合作失败。

5.3 合同履行中存在的风险问题

由基础设施建设本身具有的长期性和复杂性的特点所决定，公私合作合同的履行过程中可能存在各种风险。根据不同的分类原则，公私合作项目中存在多种风险分类方法。PPP 项目在整个项目周期可能遭遇各种类型的风险：设计立项阶段包括设计不当的风险、决策失误的风险等；融资阶段包括资金不足的风险、利率变动的风险等；建设阶段包括土地获得风险、环境保护风险、工期延误的风险、成本超支的风险、质量不合格的风险等；运营维护阶段则包括市场需求风险、价格变化的风险；整个生命周期内还存在政策与法律变更风险、不可抗力风险、通货膨胀风险等。

笔者认为，公私合作的本质是公私部门之间形成的契约，合同双方的行为可能导致合同履行产生各种风险。尤其政府作为合同的当事人，与私营部门相比，它的行为的影响力更加直接和明显。因此，本书根据风险的来源主体，将各种风险大致归为两大类，即政治风险与市场风险。因为这是决定公私合作契约能否顺利进行的最主要的风险类型。这两大类风险的不当应对，容易影响合作项目的顺利进展，危害合同双方的合法权益，更加严重的是给公众和社会造成严重的损失。事实上，以往的很多典型案例已经说明了问题的严重性。

5.3.1 合同履行中存在的政治风险

政治风险因为包括类型具有多样化的特点，并没有统一的定义，但是却有着大体相同的含义。王守清认为政治风险是一种可能由中央、省级甚至是任何一级政府作出，并且可能会影响项目正常进展的政府行为。[①] 杨

---

① See Wang Shou Qing, Robert L. K. Tiong, S. K. Ting, D. Ashley, "Evaluation and management of political risks in China's BOT projects", *Journal of Construction Engineering and Management*, Vol. 126, No. 3 (2000), pp. 242 – 250.

学进认为，"国家政治风险是主权国家政府的决策或行为，或社会事件或条件变化造成的风险。"① 本书认为的政治风险，是指因政府部门及其官员的行为对公私合作的效果产生重大影响，这种影响或者给合作对方造成重大损失或者导致合作最终失败。

1. 政府信用风险

"合同是张纸、签完随时改"这是早前公私合作实践中曾经出现过的现象，反映出政府方面政策随意性风险很大的弊端。某些地方政府合同签署前后态度明显不同，把私营资本引进来以后就随意改变合同的条款和规定，这样的"变脸"难免让私营企业缺失合作的信心。实际上，即使政府和私营企业签订了合作协议，一些地方政府有时也不顾合同中对政府责任和义务的规定，对于之前承诺的条件，仍经常出现不能完全兑现或者落实上长期拖延的情况，给私营资本造成巨大损失。加之公私合作期限一般都会超过十年甚至更长，但是通常政府五年就要换届一次，前后政府的态度无法保证一致，合同的履行没有保证。"新官不理旧账"的背后是政府信用风险。

政府信用风险典型案例——"长春汇津污水处理项目"

1999 年，长春市政府对该市污水处理项目进行招商引资。2000 年，香港汇津公司建成长春市首个污水处理厂，投资金额为 3200 万美元，成为国内城市污水处理项目中首个外商直接投资项目。2000 年 7 月 14 日，长春市政府发布《长春汇津污水处理专营管理办法》，长春市政府授权排水公司与汇津公司订立合作合同，从事污水处理厂的建设和经营项目，污水厂在 2000 年投产后运行良好。2003 年 2 月 28 日，长春市政府废止此前颁布的《专营管理办法》，长春市政府的理由是，《专营管理办法》对于国务院有关"固定回报"之规定以及其他有关法律规定有所违反。《专营管理办法》废止后，排水公司停止向汇津公司支付任何污水处理费。2003 年 8 月，汇津公司向法院提起行政诉讼，但以败诉告终。最终，长春市政

---

① 参见杨学进：《浅析国家政治风险评价对象》，载《中国经贸》2001 年第 5 期，第 49 ~ 50 页。

府以 2.8 亿元人民币对污水处理厂进行回购。①

即便到今天，我国基础设施领域公私合作当中，法律法规体系仍旧不够完善和健全。因此，为配合公私合作的发展步伐，国家法律和政策的连续出台，频繁变更是常有的事情，有些法律的出台也许只是为了应对临时出现的问题，没有经过仔细分析与论证，后来发现不具有实践操作性可能就被废弃不用，这对公私合作确实会产生实质影响。也有研究者将其归为"法律变更风险"，但笔者认为法律变更也是政府部门作出的政府行为，法律变更也是政府信用缺失的其中表现。更何况当前我国的公私合作基本都是国务院以及下属各个部委在推进，人大及人大常委会尚无"真正的法律"（指狭义的法律）出台，因此本书将当前的"法律变更风险"也归为"政府信用风险"的大类之中。

2. 审批延误风险

行政机关办事效率低下，行政程序拖沓冗长是自我国计划经济时期就留下的后遗症，这也是我国当前行政体制改革所要解决的根本性问题。长期以来，因为由政府部门主导，基础设施建设一直存在审批程序复杂、花费时间长、成本高、效率低下等问题。所以，实践中也出现不少因政府审批延误导致项目失败的案例。

审批延误风险典型案例——"汤逊湖污水处理厂项目"

"汤逊湖污水处理厂项目"首开武汉非国有资本进入城市污水处理领域的先河。2001 年，凯迪电力与武汉高科签订 20 年的特许经营协议，凯迪公司是汤逊湖污水处理厂项目的承建方。双方协议约定：厂网建设由凯迪公司负责；立项规划、征地报建等手续以及污水处理收费政策与办法的落实则由武汉高科负责。但是现实操作当中，由于开发区在道路规划方面存在诸多问题，导致当初武汉高科对协议的承诺落空，凯迪公司相关污水处理收集官网系统的建设受到很大影响。因此，开发区提议，由市水务集团接手将该厂管网建设。但是一开始水务集团以"开发区不属其范围"为理由断然拒绝，后经进一步协商才同意接手。可是，水务集团接手当中为

---

① 参见张庆才：《汇津事件三问政府》，载《决策》2005 年第 12 期，第 47 页。

了压低收购价又另设"水质达标"的门槛。就这样，官网建设、处理厂移交迟迟不能进行。另外，有关排污费收取的问题也经过长期的协调过程。最终，工厂闲置两年之后宣告夭折。[①] 本案中，正是由于政府方面的审批延误，才导致本来可以进行的项目一拖再拖，最终导致合作失败。

3. 政治决策失误风险

在基础设施建设上推行公私合作模式，对于我国政府来讲其实并不是新生事物，但是由于公私部门合作本身的复杂性，对专业知识的相对高要求，政府部门在很多方面显然缺乏经验和能力。再加之政府在合作前期准备工作不足、信息不对称以及本身决策程序不规范的官僚作风等各种原因，由于政治决策失误的风险导致的失败案例也并非少见。

政治决策失误风险典型案例——"廉江中法塘山水厂项目"

1997 年，中法水务公司和廉江自来水公司签订为期 30 年的《合作经营廉江中法供水有限公司合同》。根据合同约定，双方共计投资 1669 万美元，中法水务公司和廉江自来水公司分别出资 60% 和 40%。1999 年 12月，水厂建成后一直处于空置状态。当地政府尽管头顶"不诚信"和"破坏投资环境"的骂名，却也坚决不履行合约。这是因为，有分析报告计算得出，若履行合约，30 年后减去合作的收益，政府方仍将亏损 55 亿元，而中法水务将纯获利 81 亿元。政府方之所以遭遇如此"尴尬"，是由于当初合约中关于水量和水价的约定都有不合理之处。比如水量方面，合约约定的日均购水量远高于当地水厂实际供水量；而水价方面，合同约定1.25 元/立方米的起始水价标准，并且按照"水价按递升公式"逐年支付，水价增幅为 8% ~ 12%。但是，根据合约约定的购水量和实际供水量再加上相关费用的计算显示，自来水的成本高达 4.58 元/立方米，而当时自来水平均售价为 1.55 元/立方米，第一年就将亏损 2400 多万元。[②] 本案表面上看是合同约定脱离实际，导致后期难以履行，实际上是政府的早期决策出现了重大失误，造成后来的严重损失。

---

① 参见章草：《武汉汤逊湖污水处理厂 BOT 项目夭折》，载《中国建设报》，2004 年 9 月24 日。

② 参见邱敏、关家玉、李颖：《广东廉江引资 1669 万美元建成水厂后空置 8 年》，载西部网，2016 年 1 月 20 日访问。

4. 腐败风险

有学者曾在研究中发现，在对 PPP 项目风险的评分中，与国内专家相比，国外专家对于贪污腐败的评分低于所有风险类型的评价水平。因为外国投资者已经对中国的腐败风险有所预期，还专门留出预算来进行承担，就当做是工程建设的成本费用。[①] 可见，腐败现象已经被很多投资者看作是 PPP 项目中不可避免的事实。在基础设施市场化的过程中，原本由政府生产和提供的公共产品和服务部分转移到私营部门手中，如果没有合同的规范和监督，就很容易引发权钱交易等腐败的风险。

腐败风险典型案例——"沈阳第九水厂项目"

沈阳第九水厂由香港汇津公司投资兴建，双方约定：第 2～4 年的投资回报率为 18.5%；第 5～14 年的投资回报率为 21%；第 15～20 年的投资回报率为 11%。高回报率下，沈阳自来水总公司以 2.50 元/吨的价格向第九水厂支付，远远高于沈阳市 1996 年 1.40 元/吨的平均供水价格。由于政府部门早已停发财政补贴，亏损无法由政府财政负担。因此截至 2000 年，沈阳市自来水总公司亏损高达 2 亿多元。此种情况下，沈阳市自来水总公司提出变更合同的强烈要求。多次谈判之后，自来水厂中津汇公司所占的 50% 的股权被沈阳市自来水总公司在 2000 年底买回，并降低投资回报率至 14%。双方协商在条件合适时，沈阳市自来水公司会将剩余股权全部买回。最终，沈阳第九水厂于 2006 年被全部回购。事实上，对外商承诺的高回报率与地方官员的腐败有很大程度的关联。沈阳市由外商投资建设的 8 个水厂也因此遭到"沈阳水务黑幕"的负面评价。[②]

5. 政治反对风险

基础设施建设运用公私合作模式，说到底是为了实现公共产品和服务的高效高质供给，满足社会公众的基本需求。然而，政府方面作出的决策

---

① See Wang Shou Qing, Robert L. K. Tiong, S. K. Ting, D. Ashley, "Evaluation and management of political risks in China's BOT projects", *Journal of Construction Engineering and Management*, Vol. 126, No. 3 (2000), pp. 242–250.

② 参见亓霞、柯永建、王守清：《基于案例的中国 PPP 项目的主要风险因素分析》，载《中国软科学》2009 年第 5 期，第 111 页。

行为，也可能对公众利益产生损害，激起"民愤"，遭到公众的反对。政治反对风险也是在公私合作契约现实运作当中可能遇到的一类风险，诸如"北京第十水厂项目"和"上海大场水厂项目"的反对水价上涨、"北京六里屯垃圾焚烧发电项目"暂缓等都因遭遇了政治反对风险。

政治反对风险典型案例——"番禺垃圾焚烧发电项目"

从 2003 年开始，广州市番禺区就已经着手垃圾焚烧厂的选址工作，经过为期 3 年的论证和调研工作，将生活垃圾焚烧发电厂的选址初步定为大石街会江村现大石简易垃圾处理厂，并由规划部门下发了项目选址意见书。该生活垃圾终端处理的特许经营权则授予广日（电梯）集团。随后，广日集团与广州诚毅科技公司共同出资 3 亿元，成立广州环保投资有限公司，全面负责生活垃圾处理业务。2009 年 6 月，广州环投公司注册成立"广州禺山环保能源有限公司"，也即是番禺生活垃圾焚烧发电厂的建设单位。根据相关数据计算可知，广日集团特许经营 25 年，可获得接近 500 亿元的回报。[①] 但是，2009 年 10 月 25 日，广州番禺大石数百名业主发起签名，对建设垃圾焚烧发电厂进行抗议。据悉，超过 6 万网民参与投票，其中 66.83% 发对建垃圾焚烧厂，14.85% 支持建厂，另有 11.53% 认为"可以建，但要有更合理的规划和环境保障"。[②] 针对居民的反对声音，番禺区政府表示，该项目正在进行环评工作，环评不完成绝不开工。番禺区区长也坦承，垃圾焚烧厂在选址前，仅在小范围与村民、村长等进行交流，未与当地居民充分沟通，存在程序缺陷。最终，垃圾焚烧发电厂在市民的共同反对之下，不得不暂缓选址工作，并启动重新论证选址的全民讨论。

5.3.2　合同履行中存在的市场风险

公私合作合同的履行过程中，同时存在市场风险。本书所指的市场风险是合同运作过程中，除去政府部门行为之外，市场运行方面产生的风

---

① 参见林劲松：《广州垃圾焚烧发电 25 年特许经营收入近 500 亿》，载《南方都市报》，2009 年 11 月 25 日。

② 参见王昊：《广州番禺数百业主签名抗议垃圾焚烧发电厂》，载《南方日报》，2009 年 10 月 26 日。

险。下面重点论述其中的市场需求风险、项目唯一性风险等。

1. 市场需求风险

市场需求风险是指由经济、社会以及法律等其他因素导致的市场实际需求与预测之间出现差异而产生的风险，其中将项目唯一性风险排除在外。

市场需求风险典型案例——"山东中华发电项目"

山东中华发电项目总投资 168 亿元，其中山东电力集团公司因持有 36.6% 的股权成为第一大股东。1992 年项目开始筹备，1998 年项目融资成功开始正式运营，全部工程于 2004 年最终建成。中华发电与大股东山东电力集团公司签订合同，合同在电价定价原则和年最低购电量等方面作出了具体约定。2002 年之前合同执行良好，但是后期，电力体制的逐渐改革再加上山东电力市场供求关系的不断变化，导致合同执行出现困难。具体体现在两个方面：其一关于电价。中华发电根据原国家计委在 1998 年签署的谅解备忘录，获准的电价是 0.41 元/度，已建成的石横一期与二期都执行的是此标准。但是，2002 年 10 月，山东省物价局对于菏泽电厂新机组投入运营时的批复电价是 0.32 元/度，后来的低电价无法满足项目正常运营的要求。其二关于"最低购电量"。自 2003 年，山东电力集团和中华发电间的最低购电量，由山东省计委从 5500 小时减至 5100 小时。然而因受合同约定的限制，山东电力集团还必须要按照"计划内电价"购买 5500 小时的电量，差价需要自己补齐，这使山东电力集团的积极性倍受打击。①

2. 项目唯一性风险

项目唯一性风险是指，因为投资者或者政府进行新项目的建设或已有项目的改建，从而对现有的项目产生影响，形成了实质上的竞争风险。项目唯一性风险有可能是其他风险的起因，比如政府信用风险、市场收益风险或者市场需求变化风险等。可想而知，对项目影响十分巨大。

---

① 参见赵燕凌：《中华发电命系电力改革竞价上网危及当年 BOT 承诺》，载《财经时报》，2003 年 5 月 13 日。

项目唯一性风险典型案例——"泉州刺桐大桥项目"

1995 年 5 月，泉州刺桐大桥开始建设，1996 年底顺利完工，早于当初合同约定的 3 年建设期，1997 年 1 月开始正式投入运营。由于政府方与建设方等各方面工作配合严谨、有序，总体上实现了"筹资市场化、项目业主化、经济管理规范化、建设责任法律化"，[①] 工程质量达到全优。大桥建成后，成为连接泉州三大经济中心干线公路网的枢纽，同时，对于国道过境车辆具有良好的分流作用，不但有效改善当地交通状况，而且促进了当地经济的开发。大桥通车以来车流量迅速上升，相应的收入由 1997 年的 2371 万元增至 2006 年的 8100 万元，取得了良好的经济效益。同时刺桐大桥作为内地以民营资本为主的 BOT 投资模式的国内首例，具有开创性的意义，取得较好的社会效益。[②] 因此受到当时《人民日报》等国家主流媒体的极大肯定和表扬。但是随后，刺桐大桥的建设经营方"名流公司"和政府的矛盾逐渐尖锐。原来，福建省交通厅早在 1984 年已经投资建成了收取过桥费用的"泉州大桥"，1997 年，福建省政府将该桥的收费管理权移交给泉州市政府。因此，分别作为两座大桥业主的泉州市政府与民营资本之间形成了直接的利益竞争关系。后来，又先后有多个桥梁建成通车，共同分割刺桐大桥的车流量。目前，在上述 8 座大桥中，除刺桐大桥外，其他大桥均是免收过桥费，利益被分割后的刺桐大桥车流量骤减，2013 年车辆通行收入降至 4200 万元，项目以失败告终。该案中，项目唯一性风险是导致投资者投资失败的主要原因，但是项目后期政府信用风险和市场收益不足风险更使其"雪上加霜"。杭州湾跨海大桥等项目，京通高速公路项目等也遇到过此种类型风险。

5.4　合同终止存在的问题

合同终止是指因一定法律事实的出现，导致合同当事人权力义务关系

---

① 参见贾康、孙洁等：《PPP 机制创新：呼唤法治化契约制度建设——泉州刺桐大桥 BOT 项目调研报告》，载《经济研究参考》2014 年第 13 期，第 44 页。

② 参见秦旋、张云波：《BOT 项目融资模式又一成功范例——浅析泉州刺桐大桥项目融资》，载《基建优化》2001 年第 3 期，第 8 页。

的消灭。合同终止分为正常终止和提前终止。公私合作期限届满，私营部门将基础设施移交到政府部门手中，公私部门之间的合作也因此最终顺利结束，这是合同的正常终止情形。然而，实践中并不是所有的公私合作都能顺利完成，由于某些情况的出现，导致合作失败，基础设施不得不由政府部门提前回购和临时接管，出现合同的提前终止情形。合同提前终止的事由包括：政府部门违约导致的合同提前终止、私营部门违约导致的合同提前终止、政府方选择合同终止及不可抗力导致的合同终止等。可以看出，除了不可抗力之外，合同终止的原因大体分为两种：由于私营部门原因导致的合同终止和由于政府原因导致的合同终止。

基础设施由于本身具有的公共属性、不可替代性，要求其对于产品和服务的供给必须是连续、稳定、不间断的。这也决定了公私合作合同不能随意终止。但是，实践当中仍然存在不少实际问题。笔者在此重点论述私营部门行为导致的合同终止以及政府部门行为导致合同终止的问题。

5.4.1 私营部门行为终止合同存在的问题

"合同自由原则"是合同法当中的一项基本原则，当有不可抗力或者合同约定的终止情形出现时，合同当事人可以享有单方解除合同的权利。然而，在某些公私合作的实践中，未有不可抗力或是合同当事人可以单方解除合同的约定情形出现，私营部门仍然不顾合同的约定，作出违约行为，导致合同终止，严重影响公共产品与服务的提供。事实上，违约行为并不一定必然导致合同终止，但是对于私营部门的违约行为，政府作为合同的另一方当事人没有与其进行协商和处理，以及采取补救措施，也是导致合同终止的重要原因。"湖北十堰公交民营化"就是其中的典型案例。

2003年3月，十堰市政府与十堰市公交集团公司签订特许经营协议，十堰市政府将市内22条公交线路18年的特许经营权以每年800万元的价格转让给私营企业。但是十堰市公交集团接手公交经营以来，公交公司员工因工资待遇问题导致十堰市先后发生四次公交停运事件，严重影响市民的日常出行。最终在2008年4月15日，十堰市政府决定收回十堰市公交公司的特许经营权。十堰市公交民营化在进行五年之后最终夭折。① 这个案例中，特许经营者不顾事先签订的合同，未经与政府部门协商，擅自停业、歇业导致服务终止。政府对于多次发生的停运事件重视程度不够，没有进行深入调查和分析并且努力寻找解决办法，一直处于"袖手旁观"状态，直到最终发展到无可挽回的程度才简单回购了事。而且，尽管政府进行了临时接管，但是接管之后，关于原特许经营者随意违约的处理以及提前收回特许权以后经营者损失的补偿等相关矛盾和问题，政府并没有进行协调和解决，导致后续的矛盾不断激化，让合作双方都失去了信心。

同样，方正县在基础设施市场化改革过程中，由于两家企业的转让纠纷直接威胁到接近 4 万人的取暖问题，政府部门不得不启动临时接管供暖。② 但是此种情况下经营者的特许经营权尚未被收回，政府除了接管项目之外，对于私营企业问题的解决和危机的消除并未进行相应关注，这其实不利于私营部门消除危机，早日继续进行特许经营活动。

另外，对于严重违规的经营者，政府方面甚至纵容其继续经营，严重危及社会和公众的安全和利益。比如，"湖北南漳浊水事件"中，县卫生监督局通过检测，发现供居民饮用的生活用水在浊度标准上严重不合格。县自来水水质问题调查小组的调查报告认为，自来水公司片面追求经济利润，对于公共安全和公共利益极为漠视。可是事件发生后，政府方面仍然没有及时采取措施。③ 政府认为自己有招商难的"苦衷"，于是引进私营部门合作者之后放松警惕，出现问题之后也不及时寻找解决办法降低损失，最终导致了严重的社会问题。

5.4.2　政府行为终止合同存在的问题

基础设施领域的公私合作涉及公共产品和服务的供给，关系到社会公共利益，因此在特定情形下，政府方面可以享有合同单方面解除权。

---

① 参见金明大：《湖北十堰公交民营化尴尬谢幕：5 年间停运 4 次》，载新华网 http://news. xinhuanet. com/politics/2008 – 05/05/content_8108798_1. htm，2016 年 1 月 20 日访问。
② 参见郭毅：《供热企业纠纷危及 4 万人取暖当地政府临时接管供热——首例政府临时接管特许经营权案背后深意》，载《法制日报》，2009 年 8 月 4 日。
③ 参见郑燕峰：《湖北南漳浊水事件凸显供水改革中政府责任缺位》，载《中国青年报》，2009 年 6 月 9 日。

但是对于政府单方合同解除权的行使范围应当予以明确限定，以免被政府滥用，影响私营部门合作者的积极性，同时，政府方在选择终止时需要对私营部门进行一定补偿。但是，如果政府行使单方解除权的行为不当，就可能会侵犯经营者的合法权益，这将激化公私部门合作者之间的矛盾，公共利益无疑是这其中最大的受害者，"长春污水处理项目"的教训应该吸取。

正如前文中对于政府信用风险的分析，港商之所以愿意出资 2.7 亿元经营长春市污水处理，完全是基于政府部门在《长春汇津污水处理专营管理办法》中承诺的条件。然而，在原定 21 年的合作期限仅过去 2 年之后，长春市政府为贯彻落实国务院有关"投资固定回报"问题的通知精神，作出废止上述《管理办法》的决定，完全未顾及投资者的利益和损失。长春市政府甚至认为，市政府有制定和撤销、废止行政规章、决定、命令的法定职权。政府的理由是"政府文件的制发，依法只按行政机关行文规则处理"，"排水公司及合作企业都不是受文单位"，这导致长春市政府事前不做充分论证，作出《废止决定》后数月内，也未主动通知对方。最终，污水厂不得不大面积停产，导致每日几十万吨的污水被排入松花江的严重后果。[1] 政府单方行使合同解除权缺乏规范，随意性过大，这无益于纠纷的化解，反而容易加剧风险的发生，对于私营合作者的利益造成严重损害，随意终止合同的行为也危害社会公众的基本权益。

5.5　合同争议解决存在的问题

特许经营合同的建立，是公私部门合作进行基础设施产品和服务提供的前提。当前，我国公私合作中关于特许经营协议的法律属性仍然存在的争议，导致相应的争议解决方式也存在相应的难题，其中的问题值得进行深入的分析和探讨。

---

① 参见杨眉：《港商状告长春政府毁约污水处理严重危及松花江》，载《财经时报》，2004年1月31日。

5.5.1　特许经营合同性质的争议

事实上，关于特许经营合同的法律属性的争议一直存在，对其法律性质的看法也是见仁见智，形成了"民事合同说"、"行政合同说"与"混合合同说"三种主要观点。

1."民事合同说"

一部分人坚持特许经营合同是民事合同，代表性的观点有："特许经营合同是对企业经营内容的约定，体现经营者实现利益的目的和经营权的保护，是具有明显私法性质的民事合同。"[①]特许经营协议属于民事合同，一方面有利于吸引社会资本，使投资方与政府具有平等的法律地位；一方面有利于纠纷解决，为项目争议适用民事诉讼或者仲裁提供理论依据。[②]"BOT项目协议不是所谓的国家契约，而是国内法契约，BOT项目协议是类似于政府采购合同的特殊的民事合同。"[③]

对于"民事合同说"进行总结，可以发现其主要理由如下：其一，PPP特许经营协议的双方法律地位平等。尽管需要一些前置性审批程序，但是这些程序只涉及协议成立及生效要件，并不涉及协议本身性质问题。对于协议，双方都有签订与否的自由，符合合同法意思自治的基本原则。其二，PPP特许经营协议中，双方具有基本对等的权利和义务。特许经营者方面，特许经营期间除了取得特许经营权之外，对项目还享有有限产权，并且可以获得合理的经济利润。但是，特许经营者取得利益的同时要进行项目的运营和维护，提供合同约定的公共产品和服务，并且在经营期满后将项目移交给政府，权力义务相对等。政府方面，对项目享有的监督检查权，但是权力的行使不能阻碍项目的正常运营。如果政府因为公共利益需要单方面提前终止协议，也必须对经营者予以赔偿或者补偿，权力义务也对等。

---

①　参见唐启光：《浅论公用事业特许经营合同的法律性质》，载《法制与经济》（下旬刊）2008年第9期，第44页。

②　参见周兰萍：《PPP特许权协议的民事性质及立法建议》，载《建筑》2015年第2期，第34页。

③　参见辛柏春：《BOT项目协议的法律性质》，载《行政与法》2005年第5期，第94页。

2. "行政合同说"

一部分人坚持特许经营合同是行政合同，代表性的观点如下："特许经营合同具有公益性的目的，特定的主体，适用的是公法的规则，这些特点决定了它是政府利用合同手段实现行政目的的行政合同。"[①] "BOT 协议不同于以往的行政合同，而是一种新型行政合同。"[②]

总结行政合同说的观点，可以归纳出如下理由：其一，合同主体上，政府是行政合同的一方当事人，政府在项目中处于监督管理者和公共利益维护者的角色；其二，合同签订目的上，在于建设公共基础设施，维护社会公众和国家利益，是政府借助社会资本的力量实施国家行政管理的手段；其三，合同的内容上，项目在运营期间，政府可以进行监督和检查，并且如果因为公共利益的需要，政府还可以将项目提前收回。政府授予经营者特许经营权，是一种行政许可。协议中约定政府给予税收优惠等承诺，需要政府行政行为配合才能实现。

3. "混合合同说"

还有一部人认为特许经营合同是"混合合同"。代表观点有：特许经营合同是公私部门之间就公共服务提供所建立的买卖合同，公共部门是公共服务的监督者和管理者，私营部门是公共服务的生产者和经营者，两者之间是管理与被管理的关系。因此，特许经营合同同时具有公法和私法性质，是一种混合合同。[③] BOT 特许协议是混合合同，因为它同时兼有行政合同和民商事合同等多种属性。这不但可以帮助把握特许经营合同的内涵和有效解决合同纠纷，并且可以促进公私合作项目的建设。[④] "政府特许经营合同兼具民事合同和行政合同特征的双重属性。"[⑤] 国家通过公私合作合同规范基础设施和公用事业活动，公私合作合同具有经济法性质，是

---

① 参见邢鸿飞：《政府特许经营协议的行政性》，载《中国法学》2004 年第 6 期，第 54 页。
② 参见宿辉、丁晓欣、石磊：《BOT 项目管理模式中特许权协议的法律分析》，载《项目管理技术》2008 年第 3 期，第 62 页。
③ 参见湛中乐、刘书燃：《PPP 协议中的法律问题辨析》，载《法学》2007 年第 3 期，第 65 页。
④ 参见毛青松：《BOT 特许协议的合同性质探究》，载《建筑经济》2007 年第 11 期，第 81 页。
⑤ 参见陈铭聪：《政府特许经营的法律性质与监管问题研究》，载《经济法研究》2014 年第 1 期，第 265 页。

"经济法上的合同"，应当受到公法和私法的双重规制。公法规制当中，政府与私营部门都要承担一定公法义务，并且政府权力的行使与私营部门权利的行使也要受到公法的限制；私法规制当中，公私双方必须遵守契约精神，共同承担风险，如有违约情况应当承担违约的民事责任。[①]

总结"混合合同说"的观点，可归纳出如下理由：公私合作合同具有公法与私法的双重属性，单独用公法或者私法皆不足以对合同进行调整，因为既有政府行使公权力的管理属性，可以单方面强制解除合同；又有企业自主经营的经济属性，双方可以通过谈判、协商或者仲裁解决纠纷。

通过以上分析可以发现，特许经营合同法律属性分歧明显，尚未形成统一意见。特许经营合同的法律属性无法确定，对于我国当前的公私合作实践的展开也会形成一定的阻碍。而且，特许经营合同法律性质存在争议的情况下，实在不利于合作双方选择合适的纠纷解决方式。

5.5.2　争议解决方式的实践难题

根据前面的论述可知，由于特许经营合同的法律属性在理论上一直存在争议。实践中，对于合同争议的解决方式也同样未达成一致意见。总体来说，认定特许经营合同为民事合同的人，主张通过民事诉讼的途径解决争议。而认定特许经营合同为行政合同的人，则主张通过行政诉讼的途径来解决争议。然而实践中，对于 PPP 模式的争议解决，似乎也是一个难题。尽管国家司法解释已经将特许经营协议的法律属性定位于行政合同，相关的纠纷也划归为行政诉讼法解决。但是，现在看来仍然存在不少实际操作性的问题。

2014 年 11 月 1 日修订的《行政诉讼法》第 12 条第 11 项规定了可以提起行政诉讼的情形。[②] 2015 年 4 月 27 日，最高人民法院颁布了《关于适用〈中华人民共和国行政诉讼法〉若干问题的解释》（以下简称《解

---

① 参见邓敏贞：《公用事业公私合作合同的法律属性与规制路径——基于经济法视野的考察》，载《现代法学》2012 年第 3 期，第 71 页。
② "认为行政机关不依法履行、未按照约定履行或者违法变更、解除政府特许经营协议。"

释》），提出特许经营协议属于行政协议，应适用行政诉讼方式解决争议。① 修改后的《行政诉讼法》与《解释》已于 2015 年 5 月 1 日同步施行。可以看出，《解释》上述规定与 2014 年修订的《行政诉讼法》一脉相承。都将特许经营协议认定为行政协议，并适用行政诉讼方式解决争议和纠纷。目前，PPP 文件中法律效力最高的是由发改委牵头，六部委联合发布的《基础设施和公用事业特许经营管理办法》，其已在 2015 年 6 月 1 日起正式施行。其中第 51 条对于特许经营的纠纷解决方式作出行政复议或行政诉讼的规定。② 可以看出，以上规定中都将特许经营协议认定为行政协议，适用行政诉讼的解决方式。这样一来，特许经营协议中，地方政府是"官"、私营部门是"民"，二者之间是行政关系，并非民事关系。实践中的"民告官"，私营部门方面胜诉的可能性大大降低。

与上述规定形成反差的是，财政部的政策文件认定 PPP 应该适用民事诉讼。③ 实际上，在此之前实践中也有按照民事案件审判的先例。2004 年 9 月 15 日，新陵公司与辉县市政府签订了《关于投资经营辉县上八里至山西省省界公路项目的协议书》，负责该公路融资、建设、运营、移交（FBOT）。因为辉县市政府未履行合同义务，导致协议无法履行，且辉县市政府以文件形式自认应当进行回购，新陵公司起诉到河南省高院，要求辉县市政府回购补偿。辉县市政府提出管辖权异议，认为：本案双方的公路建设协议书，系采取 BOT 模式的政府特许经营协议，新陵公司的回购和补偿请求均是以该合同为基础，该合同是行政合同而非民事合同。属于新乡市中级人民法院辖区内重大、复杂的行政诉讼案件，应当由新乡市中

---

① 《解释》第 11 条规定："行政机关为实现公共利益或者行政管理目标，在法定职责范围内，与公民、法人或者其他组织协商订立的具有行政法上权利义务内容的协议，属于行政诉讼法第 12 条第 1 款第 11 项规定的行政协议。公民、法人或者其他组织就下列行政协议提起行政诉讼的，人民法院应当依法受理：（一）政府特许经营协议；（二）土地、房屋等征收征用补偿协议；（三）其他行政协议。"

② "特许经营者认为行政机关作出的具体行政行为侵犯其合法权益的，有陈述、申辩的权利，并可以依法提起行政复议或者行政诉讼。"

③ 例如：财政部《关于规范政府和社会资本合作合同管理工作的通知》第 2 条第 2 款强调，"在 PPP 模式下，政府与社会资本是基于 PPP 项目合同的平等法律主体，双方法律地位平等、权利义务对等，应在充分协商、互利互惠的基础上订立合同，并依法平等地主张合同权利、履行合同义务"；财政部《政府和社会资本合作项目政府采购管理办法》第 22 条规定："项目实施机构和中标、成交社会资本在 PPP 项目合同履行中发生争议且无法协商一致的，可以依法申请仲裁或者提起民事诉讼"；财政部《PPP 项目合同指南（试行）》明确指出："就 PPP 项目合同产生的合同争议，应属于平等的民事主体之间的争议，应适用民事诉讼程序，而非行政复议、行政诉讼程序。这一点不应因政府方是 PPP 项目合同的一方签约主体而有任何改变。"

级人民法院管辖。综上所述，请求将本案移交新乡市中级人民法院管辖。河南省高院经审查认为：双方协议约定系作为平等民事主体的当事人之间权利义务关系的约定，新陵公司因履行该合同产生纠纷向本院提起诉讼，本院作为民事案件受理并不违反法律规定。裁定驳回辉县市人民政府对本案管辖权提出的异议。①

　　有观点认为，公私合作模式当中，除了特许经营，还包括政府购买服务等，政府购买服务则属于民事行为。因此建议 PPP 应该排除特许经营合同的定义，尽量选择政府采购合同的定义，这样可以有效规避行政诉讼。②这种观点实际上是承认特许经营合同是行政合同的现实下的"权宜之计"，有一定现实意义，但还是无法从根本上真正解决问题。

　　其实，除了诉讼的方式，还可以通过仲裁的方式解决纠纷。但是，仲裁方式在实践中同样存在困境：一方面，不管是财政部的"合同指南"还是发改委的"合同指南"，抑或是"管理办法"都是部委层面的规范性文件，效力等级不高，对于仲裁方式适用的规定缺乏更有效力的上位法的支持。仲裁机构受理公私合作案件时，对于政府方作出的行政行为存在识别难度。在缺乏上位法支撑的情况下，效仿之前个别仲裁机构受理的个别案例，或者借助相关的学理解释，多是仲裁机构的理性选择方式。因此，仲裁机构能否必然受理合同纠纷还存在很多的不确定性。另一方面，政府违约有时候会涉及具体的行政行为，这可能导致超出仲裁案件的受理范围，对于仲裁机构的具体审理来讲是不小的挑战。③

5.6　政府监管存在的问题

　　合同是平等主体之间在合意的基础上签订的合作协议，合同履行中双方应当做到互不干涉。但是基础设施领域公私合作合同却有其特殊性，这是因为合同的一方当事人是政府部门，政府部门天然肩负维护公共利益的重任，因此在这种合作合同中仍然要发挥其自身的监督和管理职能。可

---

　　①② 　参见谢玉娟：《PPP 争议谁说了算?》，载界面新闻 http：//www. jiemian. com/article/517807. html，2016 年 2 月 1 日访问。

　　③ 　参见胡智勇：《PPP 项目合同纠纷中仲裁争议解决方式》，载北极星节能环保网 http：//huanbao. bjx. com. cn/news/20150910/662005 - 2. shtml，2016 年 1 月 22 日访问。

是，在以往的公私合作实践中，有关政府部门的监管经常出现缺位、越位、错位等现象，不但影响合同的顺利履行，也危害到公共利益。经过总结，本书认为政府的监管问题主要表现为，政府监管机构存在的问题、政府对于安全和公平的监管问题以及监管者自身存在的问题。

5.6.1　政府监管机构存在的问题

PPP 模式是一项系统工程，其中涉及政府、私营部门与社会公众，更涉及土地、财政、金融与规划等多个政府部门。因此 PPP 的政府监管机构的设置应该统筹协调各个方面的能力和利益。然而，当前我国政府各个监管部门之间分工不明确、权责不清晰，职责界定模糊，容易形成职能交叉，多重监管。监管部门之间互相推诿责任，很可能会降低监管效率、形成监管漏洞。同时，还应当注意到各机构与部门之间重利益博弈轻协调合作，配合度较低。

1. 监管机构众多且分散

目前，我国基础设施建设的政府监管体制为多部门监管机构，分散监管的模式。[1] 监管主体主要以政府行政部门为主，呈现出的特点是，监管机构众多，并且权力分散在各行业的主管部门。这种监管机构的设置相应带来了一些监管弊端。

一方面，多个分散的监管部门导致监管范围的狭窄，缺乏全局性与综合性。比如：在交通运输领域当中，水路与公路由交通部门负责监督和管理，铁路和民航由各自的管理部门进行监督；在能源动力领域当中，石油、天然气、水力、电力都有各自的职能部门。总体上看，缺乏综合性的监管机构，监管权力相应分散。[2] 另一方面，各产业监管机构和其他综合政策或执法部门将统一的监管权进行分割和肢解。基础设施产业监管机构在进入、安全、价格、经营等方面的监管权被计划、财政、经贸、工商、技术监督、劳动等众多部门严重分割，各自为政与多头执法的现象在基础

---

① 参见叶晓甦、张永艳、李小朋：《我国 PPP 项目政府监管机制设计》，载《建筑经济》2010 年第 4 期，第 93 页。

② 参见闫海、宋欣：《公用事业特许经营的政府监管研究》，载《理论与现代化》2011 年第 3 期，第 42 页。

设施产业监管机构普遍存在。

2. 部门之间的博弈

当前财政部和发改委等部委力争 PPP 模式在我国的推广，两部门之间围绕 PPP 的部门博弈呈现公开化。两个部委、两套法令，发改委和财政部在关于 PPP 政策、立法以及项目推介等方面都呈现"赛跑"模式。

两部委在发布 PPP 政策文件上的"比赛"。比如，仅在 2014 年 12 月 4 日和 2015 年 1 月 20 日两天，两部委就出现同时发文的情况。① 从当前文件上看，两部委大的方向上基本趋同，但是细节方面仍然难以协调统一。两部委的规定不一致，PPP 模式具体执行过程势必让人困惑，从而影响 PPP 模式的顺利推进。

两部委在"立法"上的"比赛"。财政部在会同国家发改委研究制定《基础设施和公用事业特许经营法》的同时，为适应 PPP 模式还在拟定《政府采购法》修正案。但由于立法进程缓慢，财政部更倾向于在既有框架内，用部门规章为 PPP 立规。2015 年底，财政部《政府和社会资本合作法（征求意见稿）》征求意见结束，外界普遍认为财政部赢得 PPP 主导权。而与此同时，由发改委牵头起草的特许经营法的立法工作也在紧密推进，该法同样是针对 PPP 领域的立法。根据公开报道，2015 年底发改委召开座谈会，就立法草案听取亚行专家意见。2016 年 3 月，《基础设施和公用事业特许经营法》已列入全国人大立法预备项目，立法节奏明显快于《政府和社会资本合作法（征求意见稿）》。

两部委在推介 PPP 项目上的"比赛"。2014 年 5 月，财政部成立 PPP 工作领导小组，此后发布系列 PPP 相关政策文件，并推出两批 PPP 示范项目。而主要负责政府发起投资的国家发改委也先后发布多个关于 PPP 的政策文件。在国务院、发改委、财政部等部门的大力推广下，我国 PPP 项目

---

① 2014 年 12 月 4 日，财政部发布《关于政府和社会资本合作示范项目实施有关问题的通知》（下简称《通知》）和《政府和社会资本合作模式操作指南（试行）》（下简称《操作指南》）两大文件。《通知》公布财政部第一批 30 个 PPP 示范项目，《操作指南》则从项目识别、准备、采购、执行、移交等方面规范了操作流程；而国家发改委则公布《关于开展政府和社会资本合作的指导意见》以及《政府和社会资本合作项目通用合同指南（2014 版）》，并要求各地发改委自 2015 年 1 月起按月报送 PPP 项目，建立发改委 PPP 项目库。而在 2015 年 1 月 20 日，国家发改委公布《基础设施和公用事业特许经营管理办法》公开征求意见的公告；当天财政部也公布《关于规范政府和社会资本合作合同管理工作的通知》，并发布《PPP 项目合同指南》。

呈现"井喷"状态。据统计，截至 2015 年底，国家发改委共推出 2125 个 PPP 项目，总投资约 3.5 万亿元；财政部发布的 PPP 示范项目逾 230 个，总投资规模近 8400 亿元。以往财政部门并不负责项目，多扮演"出纳"角色。当前这种角色转变，实际上可以归结为两大原因，一方面，是因为财税体制改革的需要，使得财政部向国际标准财政转型，从"出纳"转为"管家"。另一方面，国务院等一系列政策文件的出台，迫使地方政府融资平台转型，地方政府巨大的偿债压力之下亟须寻找新型融资模式。

财政部与发改委的部门博弈，实际上，财政部与发改委"博弈"体现出不同主体之间不同的利益诉求。[①] 财政部主管资金的划拨与使用，其政策导向是"控"和"卖"，基本核心是控制政府债务，卖掉存量资产控制债务规模。发改委负责项目的审批，其政策导向是"上项目"，对资金后续偿还的关注不够。而交通部、住建部、水利部等行业部委负责项目的论证、规划、申报、招标和运营，关注各自行业的发展和监管。这些部门有权筹划发起本部门 PPP 项目，并且通过发改委的审批进行立项之后，选择合作伙伴，签订契约以及具体执行就进入"自由裁量"状态。不同部门的利益追求不同，监管过程就可能变为无效的行政程序。

5.6.2　市场准入的政府监管问题

基础设施是国民经济的基础，也是公众赖以生存的重要物质条件。因此，政府对基础设施领域进行公私合作的市场准入监管十分必要。基础设施领域公私合作的政府准入监管主要是准入条件和准入方式的监管。准入条件是进入基础设施建设等公共领域的经营者应该满足的基本要求。它一方面是企业参与基础设施建设的入门标准，另一方面也是政府监督企业的基本标准。政府部门对基础设施领域的准入条件进行限制和规范是其应该履行的基本职能。准入方式是政府选择合格和有实力的竞争者的手段，为保证公共利益，应该符合公开、公平的特征，避免非竞争性方式的"暗箱操作"等腐败问题。但是，我国政府对于基础设施领域公私合作的市场准入条件和准入方式的监管上仍然存在一些问题，

---

① 参见谭志国：《发改委财政部打架 PPP 应当怎么做？》，载手机凤凰网 http：//ucwap. ifeng. com/finance/stock/hongguancelue/news？aid = 99206016&all = 1&p = 1，2016 年 1 月 22 日访问。

下面进行详细论述。

1. 准入条件存在的问题

我国的特许经营立法，长期以来主要以 2004 年建设部制定《市政公用事业特许经营管理办法》（下称《管理办法》）为主要法律依据，《管理办法》在第 7 条规定了参与特许经营的竞争者应该具备六个基本条件。[①]地方层面，贵州、山西、青海、新疆、湖南、北京、深圳、杭州等地方制定了特许经营的地方法规，河北、成都、合肥、邯郸、吉林、济南、天津等地方制定了特许经营的地方规章。[②] 总结看来，中央和地方特许经营立法中对于准入条件的规定，仍然存在以下问题：

其一，部分地方政府对于具体的准入条件没有明确列出。有的只是重复《管理办法》的规定；有的对《管理办法》有所删减的保留；有的以"其他应当具备的条件"作为兜底条款；有的根本没有明确的准入条件，只是要求特许经营者的准入条件按照"招标、拍卖以及招募文件规定的条件"进行确定。其二，部分地方政府将"政府规定的其他条件"作为准入条件的兜底条款，这等于将准入条件的设定权授予地方政府。地方政府进行准入条件的设定，不但法律位阶上不高，而且在准入条件的具体内容设定上还存在模糊和不确定等问题。更为重要的是，赋予地方政府过度的裁量权，不但有损公平竞争，还容易被私营企业所"俘获"。其三，《管理办法》虽然对于特许经营者的准入条件予以列明，但是大多数的地方政府并未很好地遵循其规定。这是因为，《管理办法》作为部门规章，本身仍然存在法律位阶不高的形式合法性等问题，所作出的规定事实上也缺乏法律约束力。这就导致一系列的疑问的产生：《管理办法》对于准入条件的规定只是一种示范性规定还是各地政府也应该严格遵守？地方政府特许经营立法有无权力对《管理办法》的规定要件进行删减？准入条件具体应该怎样设定？这些都是准入制度需要予以规范和解决的问题。

---

① "依法注册的法人；有相应的注册资本金和设施、设备；良好的银行资信、财务状况及相应偿债能力；相应的从业经历和良好业绩；相应数量的技术、财务、经营等关键岗位人员；切实可行的经营方案。"

② 参见章志远、黄娟：《公用事业特许经营市场准入法律制度研究》，载《法治研究》2011年第 3 期，第 54 页。

2. 准入方式存在的问题

长久以来，基础设施建设是被我国政府当做重大建设工程来看待的，因此基础设施领域准入方式的主要依据就是《招标投标法》与《行政许可法》等。《招标投标法》第 3 条规定"大型基础建设、公用事业等关系社会公共利益、公共安全的项目"必须进行招标。《行政许可法》第 53 条规定，行政机关应当通过招标等公平竞争的方式作出决定，并且仅有法律和行政法规可以对准入方式进行设定。

然而，《招标投标法》主要是针对建设工程招标的需要来进行设计的，基础设施建设的公私合作还涉及规划、设计以及融资、运营维护等各个方面，其实是一项复杂的系统工程，建设工程招标根本无法满足基础设施领域公私合作的实际需要。正是因为中央政府对于基础设施领域市场准入方式法律规定上的单一性，导致实践中地方政府在市场准入方式方面的做法"阳奉阴违"，具体运作中也相应产生了一些实际问题。比如地方政府（例如青海、成都等）与特许经营立法有关的地方性法规和规章中，除了招标的方式事实上还存在"直接委托"、"直接磋商"等非竞争性方式的规定，但是因为与上位法的规定有冲突，其合法性存在瑕疵。

5.6.3 市场退出的政府监管问题

所谓基础设施建设中的市场退出，是指私营部门经营者暂停或者终止原本由其经营的基础设施服务的情形。经营期满或提前终止时，还涉及基础设施的移交程序，包括新旧经营者间的交接工作和政府的临时接管工作。基础设施建设领域中的市场退出，从退出原因上进行划分，包括正常退出和非正常退出。

正常退出指，私营部门基于合同约定或者法律规定，将特许经营权按照程序终止，并且不再进行有关基础设施产品和服务的提供。正常退出主要包括以下几种情形：其一，特许经营期限届满，由特许经营者将其经营的基础设施移交给政府接管或者移交给新的经营者经营，这是经营者未进行延期申请或者延期申请未获批准情况下的正常退出。其二，在特许经营期限内，发生法律法规规定或合同约定的提前终止特许经营权的情形，由原经营者将基础设施移交新的经营者经营或由政府接管。其中，提前终止特许经营权可能有多种原因，如政府批准经营者的合同终止申请，或是基于公共利益的需要政府将特许经营权提前收回等。

非正常退出，指经营者或者政府出现违法或违约情况，暂停或终止基础设施经营的服务项目。非正常退出主要基于经营者或政府的单方面违法违约行为，当然也可能双方均违法违约。其一，由于经营者的行为导致特许经营权被政府提前收回。① 此种情况下，不以政府收回特许经营权界定为市场退出，经营者不再行使特许经营权就等于市场退出。其二，由于政府缺乏信用，无正当理由将经营者的经营权收回，并且将原经营者经营的基础设施移交给新的经营者或者由自己接管。

1. 市场退出的立法问题

如前所述，我国在基础设施特许经营市场退出方面没有专门立法，建设部于 2004 年颁布的《市政公用事业特许经营管理办法》是长期以来特许经营领域的最高级别的法律规范，但是其中并没有就特许经营的市场退出作出专门规定。日前，发改委牵头，六部委制定的《基础设施和公用事业特许经营管理办法》已于 2015 年 6 月 1 日起施行，其中也未见对特许经营的市场退出作出专门规定。以上部门立法都是通过对特许经营合同的内容、期限、特许经营权的收回等相关条文的规定，在其中散见和体现市场退出的影子。

同样，地方政府在中央《管理办法》的影响下纷纷制定出地方性法规和规章。如新疆、深圳、北京、湖南等省市已经制定出各自的《市政公用事业特许经营条例》，对特许经营进行立法规范。但是对于市场退出方面的专门立法仍然少之又少。当前，对于市场退出作出专门性规定的只有《吉林市城区供热市场准入和退出管理办法》和《江苏省城市市政公用事

---

① 比如：擅自处置或抵押所经营的财产；管理不善，导致重大安全与质量事故；擅自停业、歇业，严重影响社会安全与公共利益；法律法规禁止的其他行为。

业特许经营市场退出制度》。①

总之，当前我国关于特许经营市场退出的基本立法状况是：较少有关于特许经营市场退出方面的专门立法和规定，通常做法只是将市场退出的有关规定分散在各种特许经营管理办法和条例当中。这些规定主要包括：基础设施与公共服务的提供原则，特许经营企业申请提前终止特许经营合同，基于特许经营企业出现违约行为的特许经营权的收回，基于特许经营合同约定或者政府在紧急情况下的特许经营权的收回，特许经营权在特许经营期限届满后的收回，以及特许经营权的移交，政府的临时接管和退出补偿，政府部门与特许经营企业的法律责任和法律救济等。

2. 特许经营期限制度存在的问题

第一，实践中特许经营期限设定过长。按照通常的规定，30 年是特许经营期的最长期限。而在我国的公用事业（基础设施）改革当中，深圳市政府曾授予水务集团的特许经营期长达 50 年，而且允许有两次延期的机会。因其有可能产生新型垄断，社会各界和专家学者对这种"世纪独家特许"纷纷表示出深深的担忧。实际上，政府对具有自然垄断属性的基础设施领域实行"独家特许"是世界各国的普遍做法，然而如果授予的特许经营期限过长，则会很大程度上增加项目的运营风险。例如"兰溪公交回购"事件中，兰溪市政府将本市 12 条公交营运线路授予兰溪市昌达公交公司，特许经营期限长达 20 年。起初运营效果一直良好，但是后期由于城市规模扩展导致公交线路发生改变，产生了一系列关于线路的冲突和矛盾，这都是由于设定了过长的特许经营期限，加剧了项目运行的现实风险。

第二，关于特许经营期满后可以申请延期的规定不合理。当前，我国地方政府特许经营相关立法中，大多数都有特许经营期满后可以申请延期

---

① 2006 年 9 月 1 日，吉林市人民政府发布《吉林市城区供热市场准入和退出管理办法》，对城市供热领域内的市场准入和退出专门进行规范。该办法第 3 条，提到一次市场退出，即"市政公用事业主管部门负责供热市场准入和退出的管理工作"。该办法与退出相关的内容类似于《管理办法》的规定，特许经营者出现不当行为后进行处罚，取消经营权，造成损害的依法承担赔偿责任；2007 年 10 月 18 日，江苏省发布《江苏省城市市政公用事业特许经营市场退出制度》，这是首个专门用于规定市政公用事业特许经营中市场退出制度的规范性文件。尽管该文件级别较低，全文仅有 10 条，但在市场退出的主管部门、主要情形、提交材料和主要的程序等方面都做出了相关规定。参见杨志华、肖迹：《论公用事业特许经营中的市场退出制度》，载《湖南广播电视大学学报》2011 年第 4 期，第 68~69 页。

的规定，例如新疆、北京、吉林、济南等省市规定"期满前 6 个月或者 1 年前提出延期申请"。① 这种准许原经营者申请延长特许经营期的规定，立法本意是迎合现实操作情况，本无可厚非。但是，在某种程度上也影响了竞争机制作用的有效发挥。因为基础设施领域的特许经营者具有行业垄断地位，特许经营期限的设定初衷就是对于这种垄断性予以限制。特许经营期限届满后，经营者通过申请延期再次轻易获得特许经营权势必不利于竞争的形成，也会对项目的运营效率造成严重影响，同时，有可能引发政府寻租腐败的风险。

第三，关于"优先权"规定的不合理。例如，贵州、青海、成都等部分地方政府在关于特许经营期满后的处理上就规定，"主管部门重新选择特许经营者，同等条件下原特许经营者依法享有优先权"。② 新颁布的《基础设施和公用事业特许经营管理办法》也作出这种"优先权"的规定。③ 直接赋予原来的经营者以"优先权"的规定，相当于给其他潜在的竞争者设置市场进入的障碍，很大程度上是对政府"公平准入"政策原意的违背。同时，当前经营者无条件地享有优先权，严重影响了潜在竞争者进入基础设施领域的积极性和可能性。

3. 政府权力行使缺乏制度规范

总结目前中央和地方特许经营立法，非正常退出主要包括四种情形："特许经营者单方解除特许经营合同、特许经营者因不可抗力解除特许经营合同、政府撤销特许经营权及政府撤回特许经营权。"④然而，根据前述市场准入部分对于中央和地方政府关于特许经营立法法律文本的分析，可以发现在市场退出的相关法律规定上，很少有地方政府同时设置以上四类情形。在此情况下，如果有法律没有规定的退出情形出现，不但容易导致特许经营者的权利行使缺乏明确依据等问题，更重要的是政府的权力行使

①④　参见章志远、黄娟：《公用事业特许经营市场退出法律制度研究》，载《学习论坛》2011 年第 6 期，第 73 页。

②　参见章志远、黄娟：《公用事业特许经营市场退出法律制度研究》，载《学习论坛》2011 年第 6 期，第 72 页。

③　《基础设施和公用事业特许经营管理办法》第 40 条规定"特许经营期限届满终止或者提前终止，对该基础设施和公用事业基础采用特许经营方式的，实施机构应当根据本办法规定重新选择特许经营者。因特许经营期限届满重新选择特许经营者的，在同等条件下，原特许经营者优先获得特许经营"。

也脱离规范的约束和限制。政府作为公私合作的监管者，决定特许经营权的授予，与特许经营者相比，手中握有更大的权力。因此，如果政府的权力行使缺乏明确的制度规范，那么对于特许经营者来讲，危害无疑十分巨大。

5.6.4 安全与公平的政府监管问题

英国学者约翰·恩斯特（John Ernst）认为，政府监管主要包括两种主要类型：经济性监管和社会性监管。[1] 日本经济学家植草益认为，经济性监管是因为存在自然垄断和信息不对称部门，为了保证使用者的公平以及防止资源低效配置，政府部门通过许可等手段，对监管企业在进入、价格、质量以及退出、财会、投资等方面进行的监管；社会性监管是对诸如保障劳动者和消费者的健康和安全，对于环境的保护以及防止灾害等方面的监管。社会性监管具体又分为保证健康卫生、保证安全、保护环境防止公害和确保教育、文化、福利四类。[2]

公私合作模式作为一种实质上的契约，需要政府部门进行全程监管。合同订立初期政府通过市场准入，选到合适的合作伙伴。合同履行当中，政府监管私营部门对基础设施进行建设、运营和维护，直到合作期限期满，实现正常的市场退出，完成移交工作。如果中途出现风险，导致合作失败，不得不进行非正常退出，就需要由政府进行临时接管。政府对于"进入和退出"的监管，可以归为政府对合同进行的"形式"监管，相对于"形式"监管，政府对合同进行的"实质"监管更为必要，这主要体现为政府对合同履行当中的安全和公平的监管。

1. 政府对于安全的监管问题

在市场经济运行模式下的经营者，追求的目标都是自身经济利益最大化而不可能是社会公共利益最大化。尽管国有企业经营也不能保证市政设施、公共交通设施等基础设施的绝对安全，但是，有政府信用作为保证，

---

① See John Ernst, "Whose Utility – The social impact of public utility privatization and regulation in Britain", Open University Press, 1994, p. 55.

② 参见［日］植草益：《微观规制经济学》，朱绍文等译，中国发展出版社 1992 年版，第22 页。

公共产品或服务的质量与公共安全方面的风险一般不会太大。负有"有限责任"的私营企业在经济利润的驱使下，极大提高了公共产品或服务供给的安全风险系数。其实，英国铁路私有化就是这方面的例子。英国推行私有化之后，英国铁路最初几年还能维持正常运作，但是后来由于政府减少了在安全维护方面的投资，深藏的隐患积累到一定程度终于导致了事故的发生，导致人们对于铁路运输的信心也一落千丈。很多专家评价"英国铁路系统统一的安全理念和相应的措施在英国铁路私有化中被彻底毁掉了。"①

　　同样的情况在我国也曾发生，2000～2005 年我国各个城市"公交民营化"的例子恐怕就是证明。许多城市进行公交民营化改革之后，因为政府监管缺位，公交企业专门挑选经济效益好的热门线路营运，享有免费乘车优惠的老年人被部分公交企业拒载；公交车员工的收入与公交公司收入挂钩，致使公交车频频违章，导致事故多发，对于公共安全构成直接威胁。比如，南京市公交民营化之后，运力多畸形集中到热门线路，偏远的线路则无人过问，给市民日常出行带来很大不便。② 合肥城市公交民营化的 5 个月内发生 25 起交通事故，导致 11 位市民死亡，45 位市民受伤。这与驾驶员追求经济效益"野蛮"驾驶，争上好线路，"多拉快跑"有很大关系。③ 各地城市公交民营化后出现的各种问题反映出政府对于服务质量与安全监管的严重缺位。基础设施领域关系到居民的日常生活，更与社会经济生活息息相关，正是因为看到了此领域安全事故所产生的巨大影响性，国外政府十分注重基础设施领域安全方面的监管。④

　　① 2003 年 8 月 28 日傍晚，伦敦和英国东南部地区发生大规模停电事故，下班高峰期适逢地铁和火车停运，出现了交通大混乱。英国《卫报》对此曾指出，布莱尔政府推行的地铁电力系统私有化政策是此次伦敦"史无前例"停电混乱的罪魁祸首。参见汪永成：《公用事业市场化政策潜在的公共风险及其控制对策研究》，载《江海学刊》2005 年第 1 期，第 387 页。

　　② 参见顾巍钟：《公交改制遇"公益性亏损"难题南京酝酿政府补贴推动"公交优先"》，载《新华日报》，2008 年 10 月 21 日。

　　③ 参见高学军：《失控的公交车：合肥反省公交民营化》，载新浪财经 http://finance.sina. com. cn/g/20070524/02033623403. shtml，2016 年 1 月 20 日访问。

　　④ 2003 年 8 月 14 日，发生在美国东北部地区长时间、大范围的断电事故，造成直接经济损失高达数十亿美元。分析师甚至估计此次事故将导致该地区 GDP 的增长率将下降一个百分点。公用事业与基础设施安全与否影响巨大，因此西方国家十分注重对这类行业的安全投入。美国每年在供水安全支出上就高达 1 亿 6000 万美元，"9·11"事故发生以后，对于水、电、气以及交通等行业的安全支出更加提高。《公共安全及反生化袭击行动法案》于 2001 年 6 月 12 日由美国联邦政府通过，2002 年财政年度当年就启动了 24 亿美金用于饮用水安全计划。参见汪永成：《公用事业市场化政策潜在的公共风险及其控制对策研究》，载《江海学刊》2005 年第 1 期，第 386 页。

2. 政府对于公平的监管问题

对于我国以往进行的基础设施市场化改革，人们经常总结为两个字——涨价。每逢政府对基础设施进行改革，居民用水、电、天然气、管道煤气的价格似乎就要随之上调，导致社会大多数弱势群体的利益受到影响。实际上，类似的情况在世界范围内都同样存在。英国1990～1995年的电信私有化后，工商业用户所付价格下降20%，而个人消费者只下降1%。如果说私有化后的减价措施带来了好处的话，那么应该看到仅仅惠及具有较强谈判议价能力的工商业消费者，对于处于弱势地位的广大的个人消费者来说好处则没那么明显。同样，马来西亚和瑞典进行邮政私有化改革，首都邮费有所降低，国内其他地区的邮费却只有上升没有下降。[①]追求经济利益最大化的目标之下，私营企业对中心地区用量大的消费者予以优惠，而对边远地区用量小的消费者施以歧视行为就不难理解了。因此，全球大力倡导基础设施（公用事业）市场化改革的同时，世界银行却表示，供水与卫生基础设施的市场化改革中，除非对合同进行仔细制定，否则穷人未必可以真正获得更好的公共产品和服务。因为低收入地区的服务提供有可能被合同排斥出去，地方垄断企业得以最终形成。[②]因此，当前基础设施领域改革等于"涨价"的共识背后，一方面反映出政府价格监管的失灵，同时也反映出政府对于社会公平的忽视。例如2007年兰州威立雅水务改制后，就陆续出现了涨价的情况。[③]

私营部门进入基础设施领域，政府进行监管的一个重要内容就是要从公平和效率两方面着手，从而实现政府、私营部门以及公众三者利益的均衡。这对政府的监管能力提出了更高的要求，不但要通过竞争机制引进社会资本，实现公共产品或服务的有效供给，而且要以更加合理的价格满足广大消费者包括低能力消费者的生活所需。然而，应该引起重视的是，私营部门经营基础设施的营利性目标势必与基础设施的公共性目标产生矛盾，正如私营部门的进入可能会导致诸如私人垄断、对普遍服务义务的违

---

① 参见廖化：《私营企业必然比公营的有效率？》，载列宁吧 http://tieba.baidu.com/p/182081491，2016年1月21日访问。

② 参见世界银行：《与贫困作斗争》，中国财政经济出版社2001年版，第97页。

③ 参见包锐、李开南、冯雪：《兰州水价9年5次上调水企亏损遭质疑》，载《中国经济周刊》2009年第32期，第48～50页。

反以及歧视贫困消费者等问题，这些问题都将使社会公共利益在公私合作的改革中受损，这无疑有违社会公平与正义的实现。比如，20 世纪 80 年代的英国对自然垄断产业进行私有化改革，确实起到了提高社会经济效率的作用。但是同时，诸如电力、供水等行业原有的国家垄断转变为私人垄断之后，在强烈的盈利动机驱使下，私营部门凭借其垄断地位，以较高的价格对公众提供公共产品和服务，引起公众和全社会的强烈不满。私营部门对于商业利益的狂热追逐，为了提高效率，不惜减少服务项目、降低服务质量，导致效率与公平之间严重失衡。

5.6.5　监管者政府存在的问题

公私部门的契约关系中，政府从原来的基础设施的直接生产者与提供者，转变为合作者与监管者，对私营部门的行为进行监管，防止有损公共利益的行为发生。然而，政府作为监管者也不是万能的，其自身也可能存在问题。本书认为，在基础设施领域的公私合作契约关系当中，政府容易出现寻租腐败、监管者被"俘获"以及政府自身合法性等问题。

1. 寻租的可能

基础设施提供的公共产品和公共服务具有巨大的市场需求，行业回报稳定持续，存在巨大的利润空间，是利益集团渴望进入的领域。实际上完全的市场模式与完全的政府模式之下，都没有寻租生活的空间。只有在公共产品与服务的生产和提供主体由政府向私营部门转移的民营化的过程中，其中的经营权带来的收益容易被寻租所利用。[1]

根据公共选择理论的观点，即便地方政府或地方官员，也并不总是始终以公共利益为最高目标，对于自己相对独立的利益和目标的追求也是普遍存在的。美国有学者研究认为，政府在寻租活动中主要有两种表现：一方面是通过颁布对某些利益集团有利的政策，引诱对方向其进贡，即政治创租；另一方面是通过颁布对某些利益集团不利或有害的政策，威胁或迫

---

① 参见许彬：《公共经济学导论——以公共产品为中心的一种研究》，黑龙江人民出版社 2003 年版，第 303 页。

使对方向其进贡，即政治抽租。① 当前，我国许多地方政府在基础设施领域推行公私合作改革过程中充满热情和动力，这是因为存在诸如特许经营权、产品和服务定价权等各种"特权"的吸引力，这其中很难说没有地方政府及其官员的小集团利益或者个人利益。有时，政府官员可能通过"出卖"基础设施等公共领域的利益的方式，从相关利益集团处谋取自己的利益。② 这种情况下，权力寻租与腐败的风险可能性加大了。

2. 监管者被"俘获"的可能

在基础设施建设市场化的过程中，监管者可能会被经营者"俘获"。因为，监管者的监管结果直接影响着经营者的切身利益。更为重要的是，监管者与经营者之间由于基础设施领域所具有的较强的专业性（涉及成本核算、价格制定以及服务标准等），难免存在信息不对称的情况。在此背景之下，被监管者为了使监管者制定出对自己有利的政策，可能向监管者提供对自己有利的虚假信息，这即是著名的"政府管制俘获"理论，由曾获诺贝尔经济学奖的施蒂格勒所提出。

监管者被经营者"俘获"之后，利益共同体在两者之间得以形成，经营者便可以通过"操纵国家以实现其目的"。③ 监管者被"俘虏"的后果很严重，一方面，私营经营者会通过公共资源谋取私利，另一方面，政府部门为了实现自己的利益会干涉市场经济的正常运行。此种情况下，公共利益和消费者利益势必受到损害，尤其是社会弱势群体的利益受损会更加严重。对此，世界银行就曾指出，对于缺乏金钱和社会关系的穷人，公共领域轻微"腐败可能具有毁灭性的结果"。④

3. 政府合法性问题

区别于法律意义上的合法性（Legality），政治意义上的合法性（Legitimacy）是指正当性，更多指人民对政府的认同、接受和支持。传统政

---

① See Mcchesney F. S., "Rent Extraction and Rent Creation in the Economic Theory of Regulation", *Journal of Legal Studies*, Vol. 16, No. 1 (1987), pp. 179 – 196.

② 参见汪永成：《公用事业市场化政策潜在的公共风险及其控制对策研究》，载《江海学刊》2005 年第 1 期，第 388 页。

③ See Stigler G. J., "The Theory of Economic Regulation", *Bell Journal of Economics & Management Science*, Vol. 2, No. 2 (1971), pp. 3 – 21.

④ 参见世界银行：《与贫困作斗争》，中国财政经济出版社 2001 年版，第 104 页。

府直接生产和供给公共产品和服务的国家垄断模式，低效率、高成本，降低了公众对政府的信任。因此，如果基础设施建设的市场化改革，可以为公众提供更多的质优价廉的公共产品和服务，提高供给的效率，降低供给成本，那么，这种改革将有利于改善政府自身形象，使政府的合法性地位得以提高。反之，如果改革措施不当，将会影响政府自身的形象，威胁到政府的合法性地位。影响政府合法性主要是由于两种原因，其一是政府的责任模糊，其二是改革的操作不当。①

一直以来，提供基础设施都是政府的基本职责。早在 1853 年马克思就提出，财政、军事和公共工程部门是国家必不可少的三个政府部门，举办公共工程的职能是亚洲的所有政府都必须执行的经济职能。② 这是因为，"公共产品无法由私人供给得到满足，必须由政府出面进行提供。"③ 这就说明，政府在提供公共产品和服务方面的责任是不可推卸的。然而，即便是在发达的西方国家，基础设施私有化之后，政府的责任也开始模糊。找不到具体负责人的情况下，政府人员将问题的责任归咎于私营部门，公众则反对将公共服务交由私营部门，因为他们觉得由这些私营供应商经营的模式是不合法的。④ 计划经济体制下，政府一方面要提供私人产品，另一方面又要提供公共产品。市场经济体制下，政府从充满竞争性的私人产品领域退身出来，主要集中精力于公共产品和服务的供给，基础设施建设市场化改革后，政府则有可能从大部分的"准"公共产品领域退出。基础设施的公共属性之下，私营部门在提供公共产品时对于最大化利益的追逐，这种改革模式很容易给公众造成一种"错觉"，即政府放弃了自己的天职，卸载了应有的责任。因为，从原有公益福利的部门转变为商业性的产业部门的改革似乎模糊了政府的责任承担，特别是在公众对于如涨价等给自己的切身利益带来损害时，对政府的认同度就会更低。

另外，公私合作的改革中极容易伴生的腐败风险，有学者指出这是对

---

① 参见汪永成：《公用事业市场化政策潜在的公共风险及其控制对策研究》，载《江海学刊》2005 年第 1 期，第 391～392 页。

② 参见《马克思恩格斯选集》第 2 卷，人民出版社 1972 年版，第 4 页。

③ 参见保罗·A·萨缪尔森等：《经济学》（第 12 版），中国发展出版社 1992 年版，第 82 页。

④ 参见俞可平主编：《治理与善治》，社会科学文献出版社 2000 年版，第 37 页。

国家最重要资源——政府合法性的极大浪费。① 英国私有化的教训说明，英国政府为了加快私有化实现的进程，满足少数利益集团的利益诉求，不惜牺牲广大公众消费者的长期利益，最终导致严重后果。② 阿根廷前总统梅内姆就任后，实行市场经济政策，大力推行公共财产私有化，以极低的价格将国内的邮政、航空、铁路、社保等公用事业和基础设施几近出售一空。私营部门获得了国家垄断权和专卖权的同时，也获得了巨额的经济利润。如果我国当前的基础设施建设公私合作改革的操作不当，也容易引发相当大的风险。正如有学者所说，如果不顾市场经济的规律和原则，仅站在个别利益集团或个少数私人的利益立场上，发展高度垄断下的公用事业民营化改革，除了会受到基本价值观的否定，还将有可能导致"官僚垄断资本"的腐败。③

5.7 公众参与存在的问题

公共部门作为民意的代表者，一般来说，在制定公共政策之时，在宏观和长远层面还是会有利于公众的根本利益的。但在公共政策执行期间，对于民意的沟通和重视则会相应忽视，沟通、疏导或者修正方面的根本缺乏，让公共部门作出"家长式"决策时更加"雷厉风行"。基础设施领域事关社会公众的根本利益，社会公众有责任更有权力参与。但是，由于现有条件的限制，公众参与公私合作的程度还很低。④

我国基础设施领域公私合作当中，公众参与的制度化程度还不高，公众参与的相关规定只是散见于当前的一些法规规章和规范性文件当中，尚且没有关于基础设施公私合作公众参与的特别立法，地方层面偶有相关规

① 参见约瑟夫·纳伊：《腐败与政治发展：成本—效益分析，腐败与反腐败》，上海人民出版社1990年版，第351页。
② 参见王俊豪：《英国政府管理体制改革研究》，上海三联书店1998年版，第193页。
③ 参见余南平：《如何看待公用事业民营化》，载《国际金融报》，2003年4月30日。
④ 例如，2008年，民间团体"新疆自然保育"对北京、哈尔滨、成都、兰州和乌鲁木齐5座城市的500户普通居民进行了问卷调查。调查显示，在被访的5座城市中，普通城市居民对城市水务所进行的公私合作改革有一些了解的仅占13%，而对国内目前正在进行的水务市场化改革一直关注的市民几乎没有。在人均收入较高的北京、成都和哈尔滨，接受调查的居民中完全不知道水务市场化改革的均超过了50%，尤以最富裕的北京市民对此项改革的无知程度最高。参见葛昀：《中国城市水务市场化改革反思》，载《绿叶》2009年第12期，第104～105页。

定，也相对比较简单。并且，现有的相关立法只对公众参与进行原则性规定，缺乏具体制度和操作流程，可操作性比较低。同时，相对于世界范围内公众参与的组织化的特点，我国公众参与的组织化程度仍然不高。比如，基础设施领域内几乎没有法定的组织对公众的利益进行集中和整合。"公用事业公众监督委员会"这种公众参与的组织化形式，似乎只抽象地存在于某些地方立法当中，实践中并未正在运作过。① 至于专业的消费者组织和非政府性的群众自治性组织或团体，同样存在不同程度的问题，比如专业知识缺乏、功能不健全、数量有限以及甚至过于依附政府部门等，总之在维护公众利益方面无法有效发挥其应有的作用。除了上述问题，本书重点讨论公众参与的范围与程度方面的问题。因为这是公众参与基础设施领域公私合作中更为严重的障碍。

5.7.1　公众参与的范围受到限制

基础设施领域的公私合作当中，公众参与的范围受到不同程度的限制，主要表现为："专家制度"限制公众参与，"相关公众"限制公众参与以及参与成本限制公众参与。

1. "专家制度"限制公众参与

基础设施领域公私合作模式是一项复杂的系统工程，其中涉及工程招投标、工程设计与建造、项目融资、政策决策等各种专业知识。因此，无论是政府部门还是私营部门都认为相关问题只能依靠专家解决，普通公众无论在知识层面还是经验层面都是"门外汉"，吸纳公众参与势必会影响决策效能和组织效能。② 于是，"专家制度"也就成为限制公众参与的最主要的障碍。然而，美国 1972 年的《联邦咨询委员会法》中对专家制度作出了规范。其中要求咨询专家在组成方面应当实现知识结构和利益的双向平衡，更要引入与公共决策存在利害关系的非专家成员对于专家行为进行监督。该法规定，专家咨询过程应当做到透明、公开，同时，专家的职

---

① 参见黄河：《谁要涨水价？——深圳水价疑云》，载《南方周末》，2010 年 1 月 21 日。
② 参见［美］约翰·克莱顿·托马斯：《公共决策中的公民参与》，孙柏瑛等译，中国人民大学出版社 2010 年版，第 3 页。

责只是解决技术性问题，而不能代替公共部门或者公众作出价值上的判断。这就说明，专家制度也是需要予以规范和监督的，而公众正是最适合的监督者。

2. "相关公众"限制公众参与

基础设施供给是政府天然的责任，公共利益是其终极目标。因此，理论上只要是普适性的公共产品与服务的供给，所有公众都有权利参与和监督。但是当前存在的"相关公众"的限制，对公众参与的范围强制进行了划分。实践当中，听证会与座谈会是公众参与的常规形式，旨在通过听证或座谈的方式收集民间的意见，进行利益综合，从而引导政府部门作出正确和符合民意的公共决策。然而，近年来，关于价格听证会等的争议不断，"相关公众"的界定成为限制公众参与的主要手段，也对公众参与形成了严重障碍。

3. 参与成本限制公众参与

这里所说的参与成本，包括政府为公众参与需要付出的成本与公众参与自己需要承担的成本。政府部门通常认为，公众参与的人数与时间决定了政府部门需要付出的成本，如果不对公众参与的规模与程度进行限制，势必会增加政府组织活动的成本，同时提高工作人员的工作难度。因此政府方面认为，这些成本的支出并无太大必要，于是对待公众参与更多的是一种形式大于内容的"噱头"，只为了向上级政府交差或应付社会公众舆论。另外，公众参与需要参与的公民自己也要付出相应的时间与金钱等成本。有些热衷于公共事业与公共利益的公民却因为时间与地点的限制难以有组织的进行参与。基础设施等公共领域的公众参与要求集体行动，这种集体行动的成本远远大于独立个体的参与成本之和，于是，理性的公众往往会选择"搭便车"，因此，公众参与被主动或被动地限制了。

5.7.2 公众参与的程度受到限制

根据以往的经验总结，我国基础设施领域公众参与当中，政府似乎对于公众参与的广度比较看重，而对于公众参与的深度却比较轻视，存在过于注重公众参与形式忽视公众参与实质的现实问题。

1. 不同阶段上的参与限制

这种阶段上的参与限制具体体现为：第一是决策制定阶段信息公开不到位。信息公开是公众参与的前提条件，政府作为基础设施的监管部门，大量的信息资源掌握在其手中。政府凭借其享有的行政权力，发布信息时带有主观选择性，很多关键事项并未进行信息公开。尤其在制定公共政策的初级阶段，涉及基础设施立项建设的可行性论证，具有十分重要的意义。可是，封闭和内向的监管方式将公众排除在外，公众对于基本信息尚且缺乏了解，公众参与更是无从谈起；第二是决策执行阶段的参与限制，具体表现为日常协商机制与反馈机制的缺失。基础设施领域公私合作期限通常为几十年，是一种长期的合作形式，体现出长期交易的特点，这种特点就决定了合作项目运营期间，可能会出现私营部门为了追求利益从而降低服务质量、政府部门疏于监管甚至是寻租腐败等各种问题。按照交易成本理论的观点，建立公众参与公私合作的日常协商机制，可以有效降低市场交易成本、管理交易成本与政治交易成本。公众参与公私部门的日常决策与管理，既可以形成监督，也可以通过协商解决难题和困境。但是遗憾的是，我国当前公私合作公众参与协商机制仍然比较缺乏。另外，公众参与的意见是对基础设施的效果实现的一种回应，同时也有助于增强公众参与的热情和信心。可是实践中，政府部门对于公众提出的意见和建议只是有选择性地进行回应，大多数的意见和建议则石沉大海。政府部门应该明确，即便公众的意见不被采纳，也需要进行解释和说明。反馈机制的缺乏，使公众参与的热情在初级阶段就被浇灭，无法形成参与—反馈—再参与的良性机制。

2. 参与方式与形式受限制

我国现阶段，公众参与基础设施领域公私合作的方式比较单一。基本局限在举报、投诉、建议以及听证会等几种比较有限的参与方式。① 甚至很多实践活动当中，公众参与几乎就等同于听证会。如今网络科技飞速发

---

① 参见章志远、李明超：《公用事业特许经营中的公众参与监管制度研究》，载《河南司法警官职业学院学报》2010 年第 2 期，第 24 页。

展，与过去相比，公众参与早已突破了时间和空间的限制，变得十分便捷。但是即使是在这样的时代背景下，政府并没有利用好现代科技与网络平台，为公众参与提供更多的便利。电子化的公众参与尚未建立，在线调查与在线访谈等实时沟通的公众参与方式还很缺乏。绝大多数的政府部门虽然都设有门户网站等网络平台，但是信息更新不及时，对于公众意见和建议的反应也很滞后，大多数都是形式大过于内容。公众参与方式与形式上的限制，对于公众参与形成了严重的阻碍。公众的意见和建议无从表达，公众的需求无法反映，势必影响政府对于公共政策的制定和判断，也使政府较难维护好公众的基本利益。

第6章　我国基础设施领域公私合作契约现实运作的完善对策

从20世纪90年代开始，在各种因素的影响下，我国经济与社会在改革和发展中逐渐发生断裂，而法律是修复这种断裂的最佳手段，法律社会化是最佳路径。这体现在公私法融合，第三法域出现，市场与政府良性互动以及社会本位等，其中的重点是经济法和社会法对于断裂修复的组合功能的发挥。①

6.1　合同主体价值理念的整合

"价值理念"是某一主体进行特定活动的基本立场和态度，更是一种思想倾向和价值追求。公私合作契约关系中，公私部门是最重要的两大主体，他们的价值理念正确与否直接影响公私合作契约关系现实运作的未来走向和最终效果。因此，针对当前公私部门在价值理念上存在矛盾的现实，需要进行价值理念的整合。而这种整合的任务需要由能够平衡两者不同价值取向的"法理念"来完成。本书认为经济法的价值理念对于公私部门的行为方式能够起到良好的引领和指导作用。"经济法的理念"就是"经济社会化条件下的实质公平、正义，其核心内容是社会整体经济利益的实现，表现为经济法是公私交融、社会本位法，是平衡协调、综合调整法。"②

---

① 参见王全兴、汪敏：《经济与社会断裂的法律修复路径》，载《湘潭大学学报》（哲学社会科学版）2006年第4期，第46页。

② 参见史际春：《经济法》（第二版），中国人民大学出版社2010年版，第76页。

6.1.1　社会责任本位　公共利益至上

"社会责任本位"，是经济法的本质理念。因为经济法是社会责任本位法，经济法对经济关系的调整，始终立足于社会整体，在任何情况下都以大多数人的意志和利益为重，无论是国家还是企业都必须对社会负责。具体来说，国家在整体上代表全局利益与整体利益，但是在具体的经济关系中，要体现为具体的国家机关或被授权组织，不可避免地会维护自己的局部利益。这就决定国家必须也要依法行使权力，不得运用行政权力损害其他主体的权利和利益，要对社会负责。同时，企业和个人等经济主体对社会负责体现在，不能只讲权利，不讲义务；不能为了自身利益罔顾社会利益；更不能对社会整体利益造成损害。

基础设施领域提供的公共产品和服务，与居民的日常生活密切相关，也关系到经济社会能否正常运转。实践当中，公私部门的利益诉求不同，政府追求公共产品和服务的提供，社会资本追求经济利润。政府区别于企业以及社会组织的根本特点就是政府具有公共性，要促进公共利益的实现。对于政府来讲，首先要强调基础设施本身的公共属性。应该明确，政府在基础设施领域进行市场化改革的首要目标，不是为了个人或集团的利益。既不是减轻自己的财政负担"甩包袱"，也不是为了自己获得某种行政权力，更不是为私营资本或是国外资本提供新的发展领域，而应当是公共利益，即为社会和公众提供数量充足、质量优良、价格合理的公共产品和公共服务，最终促进社会整体福利的增加；对于企业来讲，作为市场经济的重要主体，追求经济利益的最大化是其根本目标，这是不可改变的，也无须改变。但是，企业追求经济利益不能有损公共利益，更不能为求自身发展就以牺牲公共利益作为代价。不同于一般产业，基础设施产业事关社会整体利益，这从根本上要求承担此项事业的企业也要具有社会责任感，坚持社会责任本位。

因此，我国基础设施领域进行公私合作制改革，出发点和落脚点都是要坚持社会责任本位，始终把人民群众利益、公共利益放在首位。各方利益诉求进行协调的同时，始终保持公共利益至上。时刻强化公共利益的约束作用，不能以侵害或者牺牲公共利益来实现政府或企业自己利益的最大化。

6.1.2　坚持平衡协调　实现公私双赢

"平衡协调原则"是经济法的基本原则。[①] 这是由经济法的社会性和公私交融性所决定的一项普遍原则，被不同社会经济制度的经济法所共同遵循。经济法对整个经济生活的调整，摒弃国家与私人极端对立的维护任何一方利益的狭隘思路。在社会化条件下，经济法兼容并蓄，减少个体追求私人利益的弊端，促进社会在竞争的基础上进行团结合作。宏观与微观领域，均充当着基本准则。

平衡协调，是一种价值体现，兼顾公与私，一方面要保持整个社会范围内的经济秩序，实现整体社会效益和国家的意志，另一方面要保证民法调整范围内的意思自治。平衡协调原则，在多数情况下不在具体的经济法律关系和经济执法中直接适用，事实上是作为经济管理、经济执法和经济司法所必须遵循的一种理念和标准。经济法学者多数支持平衡协调的观点。如张守文认为，经济法不是只保护社会公共利益，而应该强调对于利益的均衡保护。不仅保障社会公共利益，而且保护国家利益和个人利益，只有强调"实质上均衡"，才能更好地实现经济法的价值。[②] 单飞跃认为，现代法具有平衡的功能，任何一个法律部门都不能只强调个人、国家或社会某一方面的利益。经济法将平衡协调作为基本原则和理念，强调实现三者的协调。[③] 周林彬认为，保证不同利益主体之间达成合作共识是经济法的基本功能，经济法不但要协调社会整体利益与社会个体利益之间的关系，还要协调与社会整体利益相关的社会个体利益之间的关系，重点是国家和企业之间的关系，总之要实现各种关系的平衡。[④]

笔者认为，基础设施领域的公私合作中，竞争是手段，合作才是目

---

① 平衡协调原则是指"经济法的立法和执法要从整个国民经济的协调发展和社会整体利益出发，调整具体经济关系，协调经济利益关系，以促进、引导或强制实现社会整体目标与个体利益目标的统一"。参见史际春：《经济法》（第二版），中国人民大学出版社2010年版，第77页。

② 参见张守文：《经济法理论的重构》，人民出版社2004年版，第130、304页。

③ 参见单飞跃：《经济法理念与范畴的解析》，中国检察出版社2002年版，第128页。

④ 参见周林彬：《WTO规则与中国经济法理论创新》，中国政法大学出版社2003年版，第129～130页。

的。公私合作的目标就是要实现公私利益的双赢，公私部门的利益要平衡协调。公私合作制之所以又称为公私合作伙伴关系，重点是 PPP 的第三个"P"，指的就是 Partnership，即"合作"。长久以来，政府或者企业只注重竞争和博弈，却忽略了合作。殊不知 PPP 中第三个"P"要求的合作才最能体现公私合作（PPP）内涵的精髓。因为 PPP 在提高公共产品与服务效率的同时，可以减轻政府财政支出压力，并且还能为企业的生存和发展开拓空间。正所谓实现了"多方共赢"。[①] 坚持平衡协调，实现公私双赢，需要切实转变公私部门的观念。

1. 转变公共部门的观念　培育管理模式思维

基础设施领域的公私合作制改革中，PPP 的融资功能受到政府前所未有的高度重视，甚至出现了将其当作是融资工具的倾向。把 PPP 仅作为一种融资手段，政府方面只是考虑将自己的风险降到最低，利益提高到最大，并没有真正理解 PPP 模式的实质。更严重的是，地方政府过分夸大 PPP 的融资功能可能会带来巨大风险。的确，此前基础设施建设中出现资金不足的情况后，地方政府会与融资平台签订 BT 协议，但是由于也产生了诸多争议，于是 PPP 被当作是其替代品。对此，有学者强调，BT 只是为了给项目融资，而 PPP 是一种管理模式，强调项目管理，融资只是其中一个环节。[②] 当前社会，尤其政府方面，对于公私合作模式的"融资模式"理解存在偏差，应该予以转变。事实上，来源于西方的 PPP 模式，指公私部门合作提供公共产品和服务的运作方式，体现出政府管理模式的内涵。PPP 的各参与方，特别是地方政府应当认识到，PPP 不仅是一种融资工具，更是管理模式的创新，可利用市场机制提升基础设施建设和公共服务提供的效率。

当前的社会体制改革，要求政府职能实现由"管理"转变为"治理"，这有助于实现国家治理体系和治理能力现代化。如前所述，PPP 具有管理模式的特点，如果将 PPP 模式仅看作是融资模式，可能会出现仅仅解决了资金来源，却没有发挥出私人部门的其他价值的问题，并且会伴随

---

① 参见贾康、孙洁：《公私合作伙伴机制：新型城镇化投融资的模式创新》，载《中共中央党校学报》2014 年第 1 期，第 67 页。

② 参见孙洁：《管理视角下的 PPP：特点、构成要素与基本原则》，载《地方财政研究》2015 年第 8 期，第 4 页。

私人部门将资金风险转嫁的风险，这无疑与经济学上"帕累托最优"的概念——"在没有使任何人境况变坏的前提下，使得至少一个人变得更好"相悖。应该明确，PPP 模式不仅需要运用私营部门的资金，还需要运用其知识、技术与管理、创新等"附加值"，使得 PPP 项目的整体效率得到提高。所以，私营部门不能仅着眼于资金的提供，还应该注意技术、运营和管理等环节的提高。因此，有学者就提出，PPP 作为一种管理模式，其中的一个重要职能就是利用新技术。具体包括生产方面的技术和管理方面的技术。[1] PPP 管理模式给公共部门提供资金的同时，私营企业与机构先进的技术水平能够大幅度提高公共产品和服务的供给水平和效率，更大限度地满足社会与公众需要。社会各类人群都在不断追求自身利益的最大化，这是"帕累托最优"实现的前提。

2. 转变私营部门的观念　树立企业社会责任

追求经济利益最大化，是企业创新十分重要的激励因素，也是促使经济和社会发展的强大动力，更能有效增进社会福祉，因此应该对企业的逐利动机和行为予以鼓励和保障。从这个层面上讲，企业利益与企业社会责任具有一致性，应该努力加强这种一致性，这也是企业履行社会责任的根本方向。

这就要求，政府方面，对于企业不能放任自流，应该发挥法律和监管的引导和指导作用，将有效的激励措施给予社会责任履行较好的企业作为奖励；企业方面，对于社会责任的履行，应当根据外界环境的变化，不断调整企业自身的短期和长期战略，调整企业的价值取向，及时消除企业行为与社会伦理道德的冲突，促使社会责任与企业经营目标的有效结合，为企业发展增添持久动力。实践当中，我国已经开始了这方面的积极尝试，例如，奖励和表彰积极保护环境的企业；进入建筑市场的企业不能有欠薪记录；拒绝给予不守法的企业在税收减免等方面的政策优惠等。当前，越来越多的企业已经开始参与企业社会责任建设，其中，"善有善报"和"恶有恶报"的宣传是对企业履行社会责任的一种激励。[2] 所谓"善有善

---

① 参见贾康、孙洁：《公私合作伙伴机制：新型城镇化投融资的模式创新》，载《中共中央党校学报》2014 年第 1 期，第 66～67 页。

② 参见史际春、肖竹、冯辉：《论公司社会责任：法律义务、道德责任及其他》，载《首都师范大学学报》（社会科学版）2008 年第 2 期，第 49 页。

报"就是让企业认识到做优秀的企业公民，承担社会责任与企业盈利的目标不但不矛盾，相反还可以帮助企业获取长期和稳定的利润；所谓"恶有恶报"就是对于那些不履行社会责任的企业予以警示，如果其不尊重甚至有损社会利益，就会受到公众的指责，产品也难以被消费者所接受，最终难免走向衰落和倒闭，这其实更像是一种反向激励。作为公私合作模式当中的私营部门，努力成为讲道德的企业公民，生产符合道德诉求的公共产品和服务，是必须面对的选择。① 对于西方很多国家政府来讲，公私合作制视域下的企业社会责任是应对公共政策问题的"新型治理"方式，反映出的是，公共规制权力和社会责任从传统的政府部门重新转移到企业和其他社会组织的社会网络当中的过程。

6.2　合同订立相关问题的完善对策

基础设施建设事关社会与公众的重大利益，因此公私部门在合同的订立阶段，对于交易相对人也即合作伙伴的审慎选择就十分必要。因为这可以让资质优良的企业通过正规程序得以进入基础设施建设领域，为公众和社会提供质优价廉的公共产品和服务。另外，如前所述，缔约过程中缔约双方还可能存在缔约过失行为，并给对方的利益造成损害，对此本书认为应当按照合同法的规则，追究缔约过失责任。

6.2.1　交易相对人的妥善选择

针对实践当中公私合作合同订立阶段，地方政府对于私营部门合作者在选择条件上的放松，以及严重的利益目标取向等问题，本书认为，应该在合同交易相对人的选择条件上进行具体设定。

1. 选择条件中增加"企业商誉"

作为企业的一种无形资产，商誉是对企业整体运营状态的集中反映，

---

① "讲遵守伦理道德，要培养公民态度，要像公民那样吃饭，要搞道德伦理投资，要消费符合公德条件生产出来的产品，要尊重人权。"参见 [法] 热罗姆·巴莱、弗朗索瓦斯·德布里：《企业道德与伦理》，丽泉、侣程译，天津人民出版社2006年版，第2~3页。

是企业实力的外在化表现形式，也是受社会认可的评价程度。当前作为政府选择交易相对人条件之一的企业商誉，已经出现在部分地方政府的特许经营立法当中。而公私合作的地方实践当中，企业商誉也已经成为政府方面选择私营合作者的重要资质，这在某些特许经营项目的谈判公告与招标公告中已有体现。例如《桂平市供水和污水处理项目 BOT 招商竞争性谈判公告》中对投标人的资格要求之一就是"商业信誉良好，无重大违法或违约行为，最近连续三年每年均盈利，且应当由具有法定资格的中介机构对其年度财报进行审计；无重大不良资产或不良投资项目，主要财产没有处于被抵押、质押、接管或其他不良状态"。① 又如，贵州省六盘水市钟山区人民政府《关于月照乡客运站工程 BOT 项目招标公告》中对投标人具体资格的要求之一是"投标人必须具有良好的财务状况和商业信誉，履约情况良好，诚实守信，财务报表真实可靠，无工程施工劣迹，未被列入国家、省、市、区黑名单，没有处于被责令停业，投标资格被取消，财产被接管、冻结、破产姿态；在最近的 3 年内没有骗取中标和严重违约及重大工程质量、安全事故"。

2. 竞争者应提供应急预案

这是对于竞争者提出的基本要求，即要求参加基础设施建设特许经营竞争的私营竞争者提供对于突发公共事件、重大安全事件的应急预案。因为基础设施涉及公共秩序与公共安全，关系到社会公众的根本利益，特许经营实践中的种种教训反映出增加这项要求的必要性。同时，这迎合了市场准入制度设立的初衷，即对于风险的防范。应急预案可以反映出竞争者对于突发事件的心里预设与相应的初步反应和对策，避免日后遇到相似情况"措手不及"，给公共利益造成损害，这也是考察竞争者资质的一种有效方式。

3. 多种选择方式的灵活运用

公私合作的实践反映出对于合作伙伴多种选择方式的需要，因此，实践中应该对于多种选择方式进行灵活运用。按照竞争性程度的不同，特许

---

① 参见广西科文招标有限公司：《桂平市供水和污水处理项目 BOT 招商竞争性谈判》，广西招标网 http：//gx. bidcenter. com. cn/，2016 年 1 月 15 日访问。

经营者的选择方式主要包括招募、拍卖、竞争性谈判和招标等。

招募是由政府主管部门或行业公司作为招募方，发布拟授权经营基础设施的招商文件，邀请符合条件的潜在投资人提出投资申请文件，再由招商方审查和评估，确定投资人。因为招商方式是按预定程序进行，所以事先项目结构和法律文件框架已经确定，谈判空间被压缩，双方地位不平等。同时，由于《招投标法》中对于招商的适用范围、条件、程序等缺乏明确的统一规范，在吸引潜在投资人方面吸引力有限。招募的目的是解决政府基础设施建设资金短缺问题，但是因为缺乏有效竞争，偏离选择特许经营者的初衷。

拍卖是指在确定的时间、地点，通过一定的组织机构，以公开竞价的形式，将特定物品或财产权利转让给最高（或最低）应价者的买卖方式。[①] 拍卖运作程序比较简单，因为它能够广泛吸收和利用社会资本，很大程度上解决了政府建设资金短缺问题，缓解政府财政负担的压力。但是对于公益性强的基础设施建设却不太适用。因为，竞拍者在拍卖中少有时间进行详细调查，项目价值上投资人无法准确判断。而且，标的物的价格是拍卖竞争的唯一标准，对投资人的资质和能力的监督管理环节并不关注，因而不利于政府落实对质量和价格的监管。与商品拍卖中对已经存在的拍卖品的全面了解不同，工程或服务招标中，人们对提供的未来工程或服务的信息了解并不完全。商品拍卖的特点是"价高者得"，但是工程和服务招标，价格不是唯一强调因素，因为还要考虑实施承诺、企业信誉等其他因素。

竞争性谈判是指政府直接与两个或两个以上有意向的投资人谈判，达成一致后通过签订协议以确定投资人的方式。这种方式采用一对多的谈判，虽然项目结构和法律文本的基本原则事先已经确定，但是还有较大谈判余地。因此，在基础设施建设的经营者选择时可以作为一种候选方式。但是，应该注意双方的谈判能力对于项目合作的成功具有重要影响，这需要双方具备相关的经济、成本、技术等信息，对于规模不大、技术要求不高、运行成熟的基础设施特许经营比较适用。

招标分为公开招标和邀请招标两种。信息非对称性是招标最大的特点，招标方不完全知道潜在投标者可能给出的真实价格，潜在招标者也不

---

① 参见李明：《城市污水处理特许经营管理研究》，天津大学博士学位论文，2007年，第58~65页。

知道其他投标者的出价，价格在投标的竞价过程中形成。招标的竞价过程可以帮助卖方收集信息，从而把特许权授给最高出价的投标者，实现资源有效配置的同时，也为招标方获得了最高收益。公开招标与邀请招标特点在两者的对比中就可以总结出来：公开招标发布的是招标公告，邀请招标发布的则是投标邀请书；公开招标针对的对象是不特定的法人或组织，邀请招标针对的对象则是特定的法人或组织；公开招标过程公开，邀请招标过程不公开。通过两者对比可以看出，邀请招标的竞争性更弱，而且因为邀请招标的特点，在其过程当中可能会出现违规操作以及不正当交易等行为。因此，对于邀请招标方式的适用范围和条件在《招投标法》中都有所限制。

6.2.2　缔约过失责任的承担

"缔约过失责任"由德国著名法学家耶林提出。[①] 根据他的观点，缔约过失责任是指在合同订立过程中，一方当事人由于过错违反先合同义务，应当对给另一方当事人造成的利益损害承担的赔偿责任。我国《合同法》对于应当承担缔约过失责任的三种情形进行了规定。[②] 如前所述，诸多公私合作案例反映出，政府部门与私营部门订立合同时，合同一方当事人由于各种原因给合同另一方当事人的利益造成了损害，本书认为应当针对这种缔约过失行为追究相应的缔约过失责任。而明确缔约过失责任的构成要件，是这种缔约过失责任承担的重要前提条件。

1. 缔约过失行为发生在合同订立阶段

首先应当明确的是，合作双方进行接触和磋商的合同订立时段，是缔约过失行为可能发生的时间。合同成立的时间一般是指，从要约生效到承诺生效的时间。通常认为，只有合同不成立，或者成立之后无效或被撤

---

① 耶林在其主编的《耶林法学年报》第四卷上《缔约上过失——契约无效与不成立时之损害赔偿》一文中指出"当事人因自己的过失致使契约不成立者，对信其契约有效成立的相对人，应赔偿基于信赖利益而产生的损害。"转引自韦雪韵：《论缔约过失责任与违约责任的区别》，载《兴义民族师范学院学报》2010年第1期，第26页。

② 《合同法》第42条规定："假借订立合同，恶意进行磋商；故意隐瞒与订立合同有关的重要事实或者提供虚假情况；有其他违背诚实信用原则的行为。"

销，才能发生缔约过失责任，如果合同成立，就不能追究缔约过失责任。实际上，缔约过失是对先合同义务的违反，缔约过失责任则是其后果。缔约过失与合同成立与否事实上并无必然对应关系。① 笔者同意这种观点，即缔约过失责任在合同有效成立时也可以适用。而且国际司法实践当中，已经将缔约过失责任扩大到合同有效成立的范围，比如德国和日本。就连我国《合同法》第 43 条对于商业秘密保护的规定也是"无论合同是否成立"。

2. 违反先合同义务是基于诚实信用原则

诚实信用原则是合同法的基本原则，缔约过失责任根本来说就是基于诚实信用原则产生的。缔约过失行为是对先合同义务的违反，这是承担缔约过失责任的客观要件。所谓先合同义务是指要求合同当事人在合同订立阶段应当有的照顾、告知、协助以及忠实等义务，这些义务是在双方之间存在的信赖关系的基础上产生的。事实上，先合同义务是一种附随义务，也是基于诚实信用原则产生。

3. 缔约过失责任中一方当事人必须有过错

必须有"过失"，这是缔约过失责任的主观要素，这里的"过失"指过错，包括故意和过失。仅仅有违反先合同义务的客观事实，还不能要求合同当事人承担责任，只有主观上有过错，才具有可归责性。缔约过失责任经过不断的发展和完善，"过失"中已经包括了故意。因为，如果过失要承担责任，那么故意当然更要承担责任。"过失"在有些个别场合还被扩展到了"无过错"。但是应当注意，缔约过失责任的归责原则仍是过错责任。

4. 合同一方当事人的信赖利益受到损失

缔约过失责任中的利益损失，主要指的是信赖利益。这种信赖利益的范围包括直接利益和可预见的间接利益（还有观点认为除了保护信赖利益

---

① 正如有学者提出，"当事人是否应担缔约过失责任的判断，应以当事人是否故意或者过失违反先合同义务为标准，而与合同是否成立及其效力情况无关"。参见吴一平：《论缔约过失责任之构成要件》，载《中南大学学报》（社会科学版）2012 年第 2 期，第 75 页。

外，还保护固有利益，但未得到主流观点和实践的认可）。在对信赖利益损失的赔偿上，普遍的观点是不能超过履行利益（履行利益是合同有效成立后，因债务履行产生的利益）。因为，通常状态下，合同有效成立时的履行利益是信赖利益赔偿所不能达到的。也因此说明，相对人如果获得了超过履行利益范围的信赖利益上赔偿，那么等于获得了额外的利益。但是，事实上缔约过失责任应当以实际损失进行赔偿，而非受到履行利益范围的约束。已有学者明确指出，"信赖利益的赔偿范围不应受履行利益的限制"。①

5. 当事人的过错与损失之间有因果关系

这是指由于合同的一方当事人存在违反先合同义务的过错，而这种过错又对合同另一方当事人的利益造成了损害，这种过错与损害之间存在因果关系。反之，如果没有这种因果关系，缔约过失责任就无从产生，比如不可抗力或者因为相对人自己的过错或原因等。而且，假如因为合同一方当事人的过错确实造成了对方的损失，但是这种过错并不是对于先合同义务的违反，也将不适用缔约过失责任（可以要求对方承担侵权责任）。另外，如果合同订立中，相对人也有过错，导致对方当事人损害，即存在"混合过错"的情形，应适用"过失相抵"的规则。即双方都有过错的，应当各自承担相应的责任。此规则在法国、日本、德国等国的缔约过失责任中已经得到承认和适用。

综上所述，公私部门在合同订立的过程中，无论是政府部门为了招商引资，最大限度地吸引投资者做出诸如"固定投资回报率"的承诺，设法规避法律规定的行为；还是私营部门在逐利本性的驱使下，利用政府的被动地位签订显失公平的合同，谋取暴利等行为，都属于缔约过失行为。都是在合同订立的过程中，主观上存在过错，客观上构成对先合同义务的违反，判断的根据就是诚实信用的原则。同时，给对方当事人造成了信赖利益的损失，一方当事人的过错与另一方当事人的利益损失之间存在因果关系。而且根据前面的论述，即使合同已经成立，也要承担缔约过失责任。事实上，无论是缔约过失责任的基本内涵和法律特征，还是缔约过失责任

---

① 参见王泽鉴：《债法原理》（第一册），中国政法大学出版社 2001 年版，第 247 页。

的构成要件或是归责原因，抑或是缔约过失责任的赔偿范围，都是为了实现缔约过失责任制度的主旨——对信赖利益的保护。[1]

6.3 合同履行中风险应对的完善对策

公私合作契约的现实履行过程中可能伴随着各种各样的风险，这些风险的发生有可能会对双方的合作产生负面影响。因此，合同的双方应该重视风险的分担，确立风险分担基本原则。"由有能力控制风险的一方承担相应的风险"分担基本原则，已经成为国内外多数专家和学者的共识。但是本书认为，风险分担原则确立的同时也要注意现实的限制。因为实践当中受到各种限制的情况下，公私部门合同中先前确立的风险分担原则可能无法真正发挥作用。因此，这就需要事先对风险设计基本的防范对策。

6.3.1 风险分担的基本原则

一直以来，都是由政府独自承担基础设施领域的生产和提供任务。因此，对于漫长的建设周期和回报周期中存在的建设风险、运营风险以及财务风险，尽管缺乏专业的知识和经验，政府也必须无奈面对。而公私合作市场化模式下，这些风险事实上可以有效实现向私营部门的转移。基础设施领域公私合作的优势也就在于可以形成其风险最佳分配原则，即在公私部门之间就公共服务中的风险实现合理分配，由最适合的一方承担相应的风险。[2] 事实上，公私合作市场化之所以可以取得成功也多得益于这种风险分配原则，而合同设计正是此原则能够得以实现的现实依托，即在合同中对双方的责任进行明确的规定以及设计有效的收益分配机制等。[3]

---

[1]　参见李静：《论缔约过失责任制度下信赖利益的保护》，载《西南政法大学学报》2004年第3期，第122页。

[2]　See Irwin T. , "Government Guarantees: Allocating and Valuing Risk in Privately Financed Infrastructure Projects", *World Bank Publications*, 2007, pp. 56 – 60.

[3]　See Grimsey D. , Lewis M. K. , "Public and Private Partnerships: the Worldwide Revolution in Infrastructure Provision and Project Finance", Chletenham: Edward Elgar, 2004, pp. 177.

　　之所以要确立风险分配原则，不单因为公私合作合同履行过程当中不可避免地会存在各种风险，最为重要的是要防止出现风险错配，例如不能让政府承担市场风险，也不能让私营部门承担政策变化的风险等。因此，公私合作合同中应当合理分配各种风险。这就需要确立关于风险分担的原则，例如有学者就对 PPP 模式风险分担提出了九项原则。[①] 归根结底，风险分配所遵循的原则要满足两个功能：其一就是通过风险分配实现三个"有效降低"，即风险发生的概率有效降低，风险导致的损失有效降低以及风险管理成本有效降低。这样才能保证公私合作的吸引力，即自己不用因对方的风险承担能力弱而付出代价；其二就是在合作周期内，风险分配有助于培养合作双方的理性与谨慎，促使各方有能力控制分配给自己的风险，并为合作的成功而努力工作。综合当前专家学者对于 PPP 风险分配原则的研究，可归纳出以下几个主要的风险分配基本原则：

1. 风险有效控制原则

　　对于风险有效控制原则，有学者很早就提出"将风险分配给最有能力承担该风险的参与方。"[②] 目前，学术界对于公私合作项目风险分配的共识已经达成，即根据对风险控制力大小的标准选择相应的风险承担者。这是因为，对于风险有控制力的一方可以利用其有利位置等前提条件，降低风险发生的可能性并且减少风险发生后的损失，而且这一方对于风险控制所付出的成本最小。同时，正因为作为更有能力控制风险的一方，其管理风险上的动力更加充足。根据风险有效控制的原则，通常的风险分配安排是：私人部门对于基础设施项目的具体建设过程更有控制能力，因此负责承担项目的设计、建设、运营、维护等风险；公共部门对于公共政策和法律规范的制定更有控制能力，因此负责承担政治、法律变更等风险，由于不可抗力等风险对于双方来讲都是不可控制的，因此由公私双方共同承担。当前《财政部关于推广运用政府和社会资本合作模式有关问题的通

---

　　① 即"公平原则、归责原则、风险收益对等原则、有效控制原则、风险成本最低原则、风险上限原则、直接损失承担原则、风险分担的动态原则、风险偏好原则。"参见邓小鹏、李启明、汪文雄、李枚：《PPP 模式风险分担原则综述及运用》载《建设投融资》2008 年第 9 期，第 32 ~ 34 页。

　　② 参见李秀辉、张世英：《PPP：一种新型的项目融资方式》，载《中国软科学》2002 年第 2 期，第 53 页。

知》中对于风险分担模式也做出此种规定。①

2. 风险和收益对等原则

在前述"最具有控制力的一方控制相应风险"的原则下，公私合作中的风险基本可以得到合理分配，但是这有一个前提，就是最具有风险控制力的一方可以事先判断出来。但是，实际合作当中仍然存在如不可抗力等双方都缺乏控制力的风险。对于此类风险的分配，应该对风险发生的可能性、公私部门承担风险的意愿和能力、公私部门为承担风险付出的成本以及承担风险后受到的损失程度等因素进行综合考虑。同时，私营部门对于承担风险的补偿要求，不能超出政府部门自己承担风险所付出的成本。因此，有学者认为"承担的风险程度与所得回报相匹配"也是风险分担的一条基本原则。②

3. 风险承担上限原则

在合同的履行过程中，可能会发生超出双方意料之外的风险变化，或者是风险带来比之前预估更大的损害后果等情况。这种情况下，就应该遵循"风险承担要有上限"原则，③ 即不能让合作方当中的任意一方单独承担这些近似无限大的风险，因为这将影响风险承担者的合作积极性。

根据以上原则可以看出，公私合作合同不是简单将风险进行转移或剥离，那种认为 PPP 模式就是"政府把更多的风险转移给私营部门"和"承担风险越多回报越多"的想法注定是不正确的，即便让私营部门勉强承担其无法负担的风险，待到风险发生时，因其缺乏控制能力而导致的产品和服务效率降低，风险控制成本升高的损失反而会更大。因此，风险分配原则更加关注风险的合理分担与机制的安排，在适当的激励机制之下，让最有能力控制风险的一方负责该风险，追求风险净收益最大或者风险净损失最小。

---

① 《财政部关于推广运用政府和社会资本合作模式有关问题的通知》规定："注重体制机制创新，充分发挥市场在资源配置中的决定性作用，按照'风险由最适宜的一方来承担'的原则，合理分配项目风险，项目设计、建设、财务、运营维护等商业风险原则上由社会资本承担，政策、法律和最低需求风险等由政府承担"。

②③ 参见刘新平、王守清：《试论 PPP 项目的风险分配原则和框架》，载《建筑经济》2006年第2期，第61页。

6.3.2　风险分担原则的现实限制

如前所述，理论研究和法律法规中都已经对公私合作的风险进行了合理的分配，确立了风险最佳分配原则。然而需要注意的是，实际上过于依赖合同安排的风险最佳分配原则，已经为其在现实中遭遇失败埋下了隐患。[①] 因为这一风险分担原则常常受到现实的限制。

1. 有限理性的限制

由有能力控制风险的一方控制风险，这种风险分担原则通常是获得公私合作成功的前提。然而，应当注意，客观准确地对风险分担的程度和成本进行测量，是这一原则实现的前提条件。因此现实中，政府部门采用各类计算方式去努力获得这一前提条件。具体采用的方法如成本效益分析法，以及新兴的公共部门比较值模型（PSC）等方法。其中，英国和澳大利亚是长期采用 PSC 模型的国家，他们的具体做法是以传统政府提供公共产品或服务的方式作为一个参照标准，将通过 PSC 方法评估风险转移所产生的成本以及可能带来的价值，与其进行比较，从而对风险转移与否以及风险转移的范围和程度进行判断。但是实际上，受到有限理性的限制，人们想要对风险进行测量和计算从而达到准确和客观的要求几乎无法实现。因为希望通过技术的方法将所有不确定的因子都转化成确定的成本效益或净现值来计算，这通常是超出政府的能力范围的。[②] 而且，正如人的有限理性中始终无法避免主观偏好，风险计算中对某种模式的偏好同样无法避免。有学者提出，大力推行市场化的政策背景下，政府官员选择的计算方式或数据也必然表现出有利于市场化模式的倾向。[③]

---

① 参见陈玲：《有限理性、公共问责与风险分配：台湾高铁市场化的失败与启示》，载《武汉大学学报》（哲学社会科学版）2014 年第 2 期，第 29 页。

② See Froud J. , "The Private Finance Initiative: risk, uncertainty and the state", *Accounting Organizations & Society An International Journal Devoted to the Behavioural Organizational & Social Aspects of Accounting*, Vol. 28, No. 6 (2003), pp. 567 – 589.

③ See Coulson A. , "Value for money in PFI proposals: A commentary on the UK Treasury Guidelines for Public Sector Comparators", *Public Administration*, Vol. 86, No. 2 (2008), pp. 483 – 498.

2. 有限契约的限制

人们之所以选择以合同的方式来分配风险，很重要的原因就是希望将合同履行时期或者后合同时期存在的各种风险，通过合同的具体条款来完成规范和管理。然而，现实世界中的人都是有限理性的人，决定了现实生活中的合同也都是有限合同。① 这就给机会主义以可乘之机。正如交易成本理论对机会主义的评价：机会主义在追求自我利益的过程中总是怀揣恶意，信息披露的不完整或者扭曲是它经常利用的渠道，有意的算计是它经常利用的方式，歪曲、误导、迷惑以及掩盖是它经常运用的手段。② 因为现实生活中无法签订涵盖项目周期及风险的"完美契约"，给了机会主义实现的条件。此种情况下，机会主义就可能在合同的漏洞中存活，对于机会主义的努力寻找也就成了合同双方极有可能的动力目标。那么对于风险分配来讲，机会主义者为了增加自己的利益，会将自己原本应当承担的风险成本转嫁给对方。

3. 政府最终责任承担者的限制

风险分配原则受到现实的限制，除了上述两个重要的原因之外，最根本的原因还是政府作为最终风险承担者的限制。如前所述，公私合作形成的多重契约关系，决定了政府扮演多重角色。无论合同对于风险分配原则的设计如何完美，政府都无法逃避其风险最终承担者的角色设置。这可能就是基础设施领域推行公私合作模式或者说市场化模式所要受到的最大约束和限制。此种前提下，市场化内涵中的风险最佳分配原则的作用实际上无法得到完全有效的发挥。表面看来，政府可以通过合同中责权利条款的签订，将某些风险转移给合同另一方当事人即私营部门。可是，真正面对私营部门无法处理风险的现实，政府很难完全遵循合同约定放任风险的发生或者加剧。如果由于风险发生致使合作项目终止，公共产品和服务的不可中断性决定了政府势必会被问责；如果因私营部门破产从而寻找新的替

---

① See Lonsdale C. , "Post – Contractual Lock-in and the UK Private Finance Initiative（PFI）：the Cases of National Savings and Investments and the Lord Chancellor's Department", *Public Administration*, Vol. 83, No. 1（2005）, pp. 67 – 88.

② See Williamson, *The Economic Institutions of Capitalism*, New York：The Free Press, 2003, pp. 397 – 421.

代合作者，所带来的交易成本也要由政府财政进行负担。因此，公私合作的实践当中，面对濒临绝境的私营部门合作者，政府更多的是执行挽救措施，为了避免合作项目的失败和最终破产，在对方无法应对风险时选择伸出援手。[①]

6.3.3　风险防范的基本对策

由于风险最佳分担原则在现实生活中可能受到各种实际限制，导致难以最终落实。然而，这并不是说对于合同中风险的发生，公私双方就无能为力或者无计可施。笔者认为，此种情况下，关于风险防范事先的基本对策尤为必要。

1. 加强合作双方应对风险的能力

公私合作当中，对于公私部门双方的合作能力都提出了更高的要求。

私营部门不能将政府的承诺当作市场的实际需求，不经市场分析和调查就随意安排组织生产；也不能抱有投机心理，妄图利用政府部门缺乏专业知识的短板，签订不合理的合同，因为这些都有可能导致合同在日后的执行当中出现政府信用风险。同时，不能妄图利用极少部分官员寻租与腐败的个别现象，采取贿赂手段获得合作机会从而谋取暴利，因为往往领导换届或是最终受到法律制裁，合作项目也会面临失败的风险。私营部门应该保持和政府部门的良好合作关系，在公众与社会当中树立良好的企业形象。

政府部门要保持政策与法律的稳定性，为公私合作创造稳定的政策环境与法律环境。同时，政府部门要建立完善的科学决策机制，这需要加强专业知识的学习，可以通过聘请专业的咨询机构提供决策支持，避免合同当中出现关于"固定回报率"等不合理的担保和承诺。中国台湾高铁BOT 项目的教训反映出，与私营部门合作过程中政府怀有尽量减少财政支出的初衷，此种情况下政府有可能抵御不了"免费午餐"的诱惑，导致在

---

① See Shaoul J., Edwards P., "Partnership: For Better, For Worse?", *Accounting Auditing & Accountability Journal*, Vol. 16, No. 3 (2003), pp. 397 - 421.

合同设计上无法有效防范机会主义的侵袭。① 另外，政府部门要加强自身责任意识，这就需要完善政府和官员的"问责制"。关于"问责制"笔者将在以下的"政府监管部分"进行详细论述。

2. 政府做好最终责任承担的心里预设

公私合作模式的优势之一就是提倡风险在公私部门之间的合理分配原则，但是应当注意这一原则的现实限制，即作为天然地负有公共责任的政府部门，不管风险结果如何，都会是最终的责任承担者。可以看出，某种程度上，合作只是可以让风险实现一定的降低，或者得到一定的控制，但是想要完成真正的转移似乎是不可能实现的。中国台湾高铁 BOT 项目成为公私合作中最典型的失败案例，其中台湾当局为"免费午餐"最终埋单的教训仍然值得吸取。公私合作合同中，合作双方都可能会面临政治风险，这种风险造成的损失除了部分可以通过保险公司进行转移外，大部分还是通过合同转移到政府身上。② 因此，政府要做好最终责任承担的心里预设。

6.4 合同终止相关问题的完善对策

根据前面的论述可知，公私合作合同的终止，与合同当事人的行为直接相关。因此，要注意规范合同当事人的行为，具体表现为规范合同双方解除权的行使，防止随意终止合同的情形出现。同时，即便合同终止，基础设施的日常运转却不能停止，如果出现合同非正常终止等突发状况影响基础设施服务持续供应，政府作为公共责任人需要及时出面进行临时接管，这就需要注意完善临时接管制度。另外，有时因为政府行为导致的合同终止还可能给特许经营者利益造成损害，因此还要建立合理的补偿机制。

---

① 参见陈琤：《有限理性、公共问责与风险分配：台湾高铁市场化的失败与启示》，载《武汉大学学报》（哲学社会科学版）2014 年第 2 期，第 34 页。

② See Allan B. J. R., "Public – Private Partnerships: A Review of Literature and Practice", *Saskatchewan Institute of Public Policy*, Public Policy Paper. No. 4, 1999, pp. 12 – 18.

6.4.1　规范合同双方解除权的行使

相对于合同正常终止，合同非正常终止时对于合同双方合同解除权的行使条件的限定应该是论述的重点。为规范合同解除权的行使，本书认为，应该对私营部门与政府部门行使合同单方解除权的条件进行明确规定和限定。这样一方面可以防止私营部门出现"撤奶皮"的现象损害公共利益，另一方面可以防止政府滥用权力损害特许经营者的利益。

特许经营者可以行使合同单方解除权的条件主要有以下两种：

1. 不可抗力

"不可抗力"是指发生了不可预见、不能避免、不能克服的客观情况，民法理论中将不可抗力认定为法定的免责事由。根据合同的公平原则，当有不可抗力发生时，特许经营者作为合同的一方当事人享有合同解除权。财政部发布的《PPP 项目合同指南（试行）》中，将不可抗力分为政治不可抗力与自然不可抗力，并且明确了不可抗力的法律后果包括：免予履行；延长期限；免除违约责任；费用补偿；解除合同。

2. 满足合同约定的解除条件

根据合同法中的合同自由原则，特许经营者可以与政府方约定特许经营合同的终止情形。合同约定的终止情形一旦出现，特许经营者可以单方解除合同。但是，基础设施建设公私合作当中，受制于基础设施的公益属性，经营者必须依照法定程序行使合同的解除权，在政府批准终止合同关系之前，必须保证公共产品或服务的正常和持续供应，否则就要承担违约责任。《基础设施和公用事业特许经营管理办法》中对特许经营者单方面终止合同的条件已经做出了明确的规定。① 从以上规定中可以看到，虽然经营者享有单方终止合同的权利，但是这是有一定前提条件的，即需要与

---

① 《基础设施和公用事业特许经营管理办法》第 38 条规定："在特许经营期限内，因特许经营协议一方严重违约或不可抗力等原因，导致特许经营者无法继续履行协议约定义务，或者出现特许经营协议约定的提前终止协议情形的，在与债权人协商一致后，可以提前终止协议。特许经营协议提前终止的，政府应当收回特许经营项目，并根据实际情况和协议约定给予原特许经营者相应补偿。"

政府部门进行协商，达成一致后，才可以提前终止合同。

与上述对私营部门经营者解除合同的条件进行限定相比，因为政府部门掌握行政权力，所以对其所行使的合同解除权的限定应该更加严格。政府单方合同解除权的行使条件，根据是否可以归责于特许经营者分为两种情形：

1. 法律法规修改以及公共利益需要

这是不可归责于特许经营者的合同解除情形。随着经济与社会的不断发展，法律法规和规章为了更好地适应现实需要，进行适当的修改和废止是正常现象。然而在公私合作的实践当中，这种法律上的变动会对特许经营权的授予和收回形成直接影响。另外，一定程度上，客观情况的变化也会造成特许经营权被政府收回，因为政府会为了公共利益的需要作出撤回特许经营权的决定。应该注意，此时对于"公共利益"的认定是问题的关键，因为现实中政府容易以"公共利益"作为特权行使的借口，不但损害了私营经营者的利益，最终也损害了公共利益。公共利益是一个抽象性的概念，现行立法中还缺乏相关的具体解释，这就需要增加公众参与来进行认定，举行听证会就是较好的方式。

2. 特许经营者的违法行为

这是可归责于特许经营者的合同解除情形。这种情况中，是特许经营者的违法行为才导致政府行使合同解除权，因此要注意对经营者的违法行为进行明确认定。通常来讲，特许经营者的违法行为包括：擅自停业、歇业，对社会利益和公共利益造成严重影响；将拥有的特许经营权擅自出租、转让；擅自抵押或处置所经营的财产；管理不善导致重大生产、质量与安全事故发生等等。如果在获取特许经营权时存在贿赂、欺骗等不正当手段，或者获得经营权后出现不当行为损害公共利益的情况，就都属于政府应当撤销经营权的情况。[①] 但是，政府此时行使撤销权也应当遵循一定的程序和步骤：当特许经营者出现违约行为，政府应当先与其进行协商处理，如果协商无法达成，政府可以指定期限责令特许经营者进行及时改

---

① 参见章志远、黄娟：《公用事业特许经营市场退出法律制度研究》，载《学习论坛》2011年第6期，第75页。

正，特许经营者超过政府限定的期限仍然不改正的，政府才能将其特许经营权进行撤销。这个程序是对"严重危及公共利益"的程序认定。总之，合同终止情况下，对于政府权力行使的条件应当进行限制和规范，既是避免损害合作经营者的利益，同时也等于是维护了社会公共利益。

6.4.2　完善临时接管制度

临时接管发生的前提是，基础设施建设公私合作当中，特许经营者与政府提前终止合同，政府必须及时与原特许经营者完成工作交接，以保证公共产品与服务连续和稳定的供给。在新的经营者确定之前，原特许经营者负责的基础设施应当由政府临时经营和管理。当前我国的立法和实践显示，临时接管发生的具体情形主要包括三种：（1）紧急情况和状态下的政府临时接管；（2）特许经营者违反法律规定或合同约定时的政府临时接管；（3）因为无法经营，特许经营者申请解除特许经营合同时的政府临时接管。

事实上，政府部门对特许经营企业进行临时接管后，接管程序并没有真正终结，而是应当根据不同的情况作出不同的安排：其一，政府作出进行临时接管决定的同时，应当与特许经营者进行谈判。如果特许经营者同意及时对其相关问题进行整改，并且愿意承担责任以及接受相应处罚的，政府可以将特许经营权予以归还，特许经营者依然可以继续经营。其二，有些特许经营者不愿意进行整改，或者希望进行整改但是缺乏恢复生产的能力，政府部门此时应当按照法定程序取消其特许经营权，终止特许经营合同，进行新的特许经营者的甄选工作。其三，对于确实不适合由私营部门经营的基础设施的，应当收回国有。

需要注意的是，临时接管是一种非常态手段，从其严格的适用条件就可以看出应当对其谨慎为之。① 于是《基础设施和公用事业特许经营管理

---

① 有学者认为，"临时接管作为最激烈的一种政府规制手段，其适用必须谨慎。如果接管得当，既能保障公共利益，又可维护民营企业的利益，进而实现公益与私营的'双赢'；如果接管不当，'输'的是广大市民的公共利益，'伤'的是政府的改革信心和民营企业者的投资热情，'折'的将是公用事业改革的成果"。参见章志远、李明超：《公用事业特许经营中的临时接管制度研究——从"首例政府临时接管特许经营权案"切入》，载《行政法学研究》2010 年第 1 期，第 17 页。

办法》中也明确指出特许经营协议中应包括临时接管预案。① 这说明现阶段，我国政府已经认识到完善临时接管制度的必要性和紧迫性。但是应当注意，当前我国立法中对于临时接管的规定仍然较为宽泛，尚未完善，说明政府在注意保护公共利益的同时，也存在侵害私营部门自主权的风险和可能。因此，立法部门应该完善临时接管的相关立法，对于临时接管适用情形和范围也须予以限定，同时也应当明确临时接管的主体及程序等相关事项，在立法宗旨和立法目的上，既要保护公共利益，也要保障特许经营者的合法权益，应该使二者利益实现平衡。

6.4.3 建立合理补偿机制

按照合同责任的相关理论，合同当事人有违约行为，给对方当事人的利益造成损害的，应当承担违约责任。公私合作当中，政府作为合同一方当事人，如果有违约行为出现，也要承担违约责任，这就包括对合作方损失的赔偿和补偿。市政基础设施的主管部门及部门负责人员和主管人员，都可能是违约责任承担的主体。如果行为严重构成犯罪，还要追究其刑事责任。这就说明，在某些特殊情况下，政府提前终止合作，收回特许经营权，导致合同终止，即便是基于公共安全和社会利益的考量，但是如果给合作方造成了损失，也应当给原经营者予以一定标准的补偿。

基础设施特许经营项目提前终止后相关的补偿机制是市场惯例，同时也是规范的项目融资所要求的一个重要条件。② 如果是因政府方面原因导致合同变更甚至是解除，政府就应该对合作经营者的直接损失进行补偿，并且有时可能还要赔偿预期利益。基础设施特许经营中的预期利益往往数额巨大，通过协商和约定，可以对预期利益进行补偿。合理的补偿标准一方面可以有效保护特许经营者的合法权益，另一方面也会有效促进政府决策的合理化发展趋势。这有利于约束政府部门的非理性投资行为，并且也

---

① 《基础设施和公用事业特许经营管理办法》第18条规定，"实施机构应当与依法选定的特许经营者签订特许经营协议。特许经营协议应当主要包括以下内容：应急预案和临时接管预案"。

② 参见童新朝：《特许经营项目移交的法律分析》，载《中国建设报》，2006年1月5日。

能使私营部门的行为具有合理的预期收益，从而减少投机行为的发生。①
可以看到，我国当前制定的法律法规已经开始注重对投资者利益的保护，
比如财政部《PPP 项目合同指南》中提出建立"投资者利益保护机制"；
《基础设施和公用事业特许经营管理办法》也对特许经营者的补偿做出了
相应规定。②

6.5　合同争议解决的完善对策

根据前面的论述可知，在公私合作合同争议处理方面，我国现行法律
法规和政策还没有形成统一的处理方法和意见，并且在 PPP 项目是否具有
可仲裁性的关键问题上法律规定存在自相矛盾的地方。本书认为，我国应
该出台相关法律，完善争议处理方法及步骤，并对《仲裁法》中关于 PPP
项目的矛盾成分作出法律解释。本部分的主要内容包括对于特许经营合同
性质的重新认识，以及对于合作当中争议解决方式的现实操作性的探讨。

6.5.1　特许经营合同性质争议的法理分析

长久以来，理论界和学术界对于特许经营合同性质的争议一直存在，
并且尚未达成一致的观点。针对当前存在的争议，笔者认为，首先要明确
存在争议的深层原因，这是取得特许经营合同性质正确认识的前提。而从
法理上进行分析，特许经营合同性质存在争议是基于以下原因。

1. 不同法律部门的主旨和调整方式不同

对于特许经营合同的法律性质当前学界形成了三种主要观点，可以看
出提出观点的人是站在各自不同的法学部门立场上的。

坚持"行政合同说"观点的人是站在行政法立场的。行政法是国家权

---

① 参见刘向杰、黄喜兵、孔凌宇：《公私合作中投机行为的防范》，载《城市问题》2010
年第 1 期，第 61 页。

② 《基础设施和公用事业特许经营管理办法》第 36 条规定："因法律、行政法规修改，或
者政策调整损害特许经营者预期利益，或者根据公共利益需要，要求特许经营者提供协议约定以
外的产品或服务的，应当给予特许经营者相应补偿"。

力本位和行政权力本位的代表，行政权力的设置和制约是其根本特性，集中体现国家意志和利益，单纯干预和管理经济，崇尚命令和服从。行政法在行政体系中的作用必不可少，但是却不适合作为指导和调节经济生活与经济关系的主体法律。我国计划经济体制的教训仍然深刻，甚至直到市场经济体制发展迅速的今天，旧体制的印迹也没有完全抹去。那种违背经济规律，片面强调国家意志和行政权力，忽视企业和个人利益的做法不应该再次重演。

主张"民事合同说"观点的人是站在民法立场的。民法则是个人权利本位、企业本位的典型，特点是高度强调个人的权利和自由，干预反抗团体或者组织等强大势力，其仅仅强调个人的权利和自由，对于团体和社会等集体的利益视而不见或不予重视。本来，个人在同代表社会利益的国家权力冲突的过程中，个人权利应该让位于社会和国家权力。但是，民法的个人权利本位固执强调一切时间、地点的个人权利和自由，甚至不惜对抗整体意志和利益，忽视对于组织、团体甚至社会的集体利益以及应该承担的责任，只重权利不重义务。

坚持"混合合同说"的人看到了特许经营合同的公法和私法融合的性质，意识到单纯运用民法或者行政法都不足以对其进行调整，但是遗憾的是，并未指出应该运用哪个法律部门对其进行调整，说到底，还是没有为当前关于特许经营合同性质讨论的混乱现象找到解决问题的合适出路。应该明确，"混合合同"并不是一种合同类型，这种模糊的提法是在看到实践中存在问题，然而又因在现有的法律框架中无法找到合理理论支撑的一种无奈的"妥协"，并不值得提倡。

2. 公私法严格分野的传统思想不合时宜

古罗马法学家乌尔比安认为：公法的目的是保护公共利益，私法的目的是保护私人利益。公法与私法在各自的领域发挥作用，界限分明，互不侵犯。公私部门之间关系不对等，享有公共权力的一方比享有私人权利的一方始终具有优势，有强制对方服从的权力和能力，导致长期以来形成了上下关系、主从关系与命令服从关系。但是，随着社会化大生产的发展，资本主义国家逐渐表现出的"私法公法化"和社会主义国家在经济体制改革中反映出的"公法私法化"，使得公法与私法的分野逐渐模糊，不再明显。在此背景下，市民社会与政治国家逐渐融合，对于公民与政府、市场与国家之间区别的过度强调，容易掉进由人类自己设置的严苛的学科概念陷阱。① 此时再过分强调二者之间的区别，明显不合时宜。事实上，在公法与私法划分的基础上，第三法域已经出现，经济法、社会法等就是其中的代表。其中，经济法很好地体现了公私兼顾、以公为主的特性，因此，将经济法归为公法或者私法，都有失偏颇。相应地，公共产品与公共服务的供给方式，也已经发生变化。与传统方式不同的是，私人部门通过特许经营的方式进入原本由公共部门垄断的领域，开始承担一定职能和责任。正因为如此，出于对私营部门权利的行使与保护的需要呼唤相应的法律依据的出现。此外，公私部门之间通过合作，共担风险，共享利益，拉近彼此间平等的关系。

综上所述，当前学术界与理论界对特许经营合同的法律属性还未形成一致观点，无论定性为民事合同、行政合同抑或是混合合同都有不足之处，不能很好地解决当前的争议。但是，对待这一棘手问题却必须给予充分的重视，正如有学者所说，在新的历史机遇下，公私伙伴关系为打破公私樊篱开辟了新的途径。随着公私合作制的不断发展，在立法规范、条款使用、程序设计以及争议解决等方面，必须明确它适用的是公法还是私法，又或者需要对其进行重新定位，因为这对于公私合作制的持续和健康发展十分必要。②

6.5.2　特许经营合同性质的重新定位

长期以来，"经济合同"本身就存在诸多争议。而研究 PPP，对于特许经营合同的法律属性定位又是十分重要的问题。事实上，对于特许经营合同法律属性的定性或者对公私合作制法律所属法律部门的定性不应该再局限于原来的公法与私法二分的传统思想，执着于公法还是私法的讨论也无实在意义。为了更好地协调公私合作制下各方利益，应该对特许经营协议的法律属性进行重新定位，笔者认为，特许经营合同应该是经济合同。

---

① See Ostrom E. , "Crossing the great divide: Coproduction, synergy, and development", *World Development*, Vol. 24, No. 24 (1996), pp. 1073 – 1087.

② 参见白祖纲：《公私伙伴关系视野下的地方公共物品供给》，苏州大学博士学位论文，2014 年，第 142 页。

正如有学者提出的，经济合同最主要的特征就是：管理因素和财产因素相结合；国家意志与企业意志相结合。①

随着合同制度的不断发展，它早已扩展到法学的各领域和各部门，不再局限于民商法的范围。经济合同脱胎于计划经济体制，最明显的特点就是合同当中直接体现出政府的意志。正因为有此特点，遭到专家学者和现行法律的当然否定。但是，不可否认的是，国家为了实现其参与和管理经济的职能，将自己与对方主体的权利义务通过合同确定下来，作为合同的当事人，不但要实现对合同关系履行，更要对合同加以管理和监督。有学者将其称为"合同的异化"，并指出"异化合同的典型形式正是经济合同"。②

经济合同是将当事人意思自治、财产因素与国家意志、公共性政策性等因素融为一体的公私融合型的合同。③ 合同制度的发展过程中，合同中的非财产因素不断增加，国家意志不断渗透进入，私人意志逐渐受到来自国家普遍意志的否定，这就对政治国家和市民社会的界限不断模糊，现代国家对经济的全面干预和参与的合理性作出了解释。经济合同的本质，就是在经济活动或经济管理当中，在原本是私人意思自治的合同关系当中体现国家意志。如果非要对经济合同予以定义的话，那么可以说"经济合同是，为了实现一定的经济目的，直接体现政府意志，由政府规定基本合同条件的合同"。④ 也就是说，经济合同不同于国有企业订立的非指令性计划合同，经济合同也不同于纯粹的行政管理合同，经济合同是直接体现政府意志的具有经济目的的合同。而且，经济合同不同于以国家机关作为合同当事人而订立的民事合同，经济合同要直接体现政府意志。

笔者认为，特许经营合同定位于经济合同有其内在的合理性。其一，因为基础设施涉及公共利益，其中含有公的因素，不能完全交由市场来自由配置资源。因此，不能像民事合同那样完全按照当事人意愿实行意思自

---

① 参见潘静成、刘文华：《中国经济法教程》（第三版），中国人民大学出版社1999年版，第443页。

② 参见史际春、邓峰：《合同的异化与异化的合同——关于经济合同的重新定位》，载《法学研究》1997年第3期，第39页。

③ 参见史际春、肖竹：《公用事业民营化及其相关法律问题研究》，载《北京大学学报》（哲学社会科学版）2004年第4期，第84页。

④ 参见史际春、邓峰：《合同的异化与异化的合同——关于经济合同的重新定位》，载《法学研究》1997年第3期，第49页。

治，要受到国家有关部门和机构的监管，如市场准入与退出监管、价格监管、质量与服务监管等。其二，民事合同调整平等主体之间的人身与财产关系。特许经营合同的当事人是政府与私营部门，并不是平等主体，其中存在政府对私营部门的全程监管。这种管理，区别于行政合同的行政管理关系，是一种经济管理关系。其三，政府既是合同的当事人，享有权力，履行义务；又是公共利益的代表，承担监管责任与义务，这种监管区别于行政强制性的方式，而是通过招标、协商的方式。"公"不是受行政权力的影响，而是受公共政策影响，总之政府也不能随意干涉合同的运行。

6.5.3　增强合同争议解决的可操作性

将特许经营合同认定为"经济合同"，实践当中，不得不承担还是有其实现的困难和障碍。历史上的经济合同，确实相当于指令性计划合同，计划经济色彩浓重。但是，随着市场经济的快速发展，市场在资源配置当中重要作用的发挥，指令性计划也随之大大缩减。公有主体的市场经济活动也需要遵循当事人意思自治，相关的经济关系也理应由民商法进行调整。因此，当时经济审判庭受理的许多案件实际上更多的是民事合同。在此情形下，20 世纪 80 年代初期制定的"经济合同法"并未发挥其本来的作用，而且与另外两部合同法成为"部门立法的弊端"。[1] 1999 年 3 月，全国人大通过了《中华人民共和国合同法》，合并统一了前三部合同法，并将其定位于民事立法。对于经济合同法的取消，有学者评论道："对这一合乎逻辑的正常发展，民法学界、经济法学界和整个法学界却颇感困惑，以至许多人得出经济合同已经没有存在必要的结论"[2] 实际上，经济合同仍然有其自身独特的存在价值。2000 年，全国范围撤销了经济审判庭，并入民事审判庭，形成"大民事"的审判格局，经济法许多专家学者对此无不"扼腕叹息"。例如有学者认为经济审判庭需要的是"改良"，而不是"革命"，经济审判庭有重建的必要性。[3] 事实上，当前重建经济审判庭势必不是可以近期完成的，也无助于公私合作当中争议的解决。笔

---

　　[1]　我国曾于 1981 年颁布《中华人民共和国经济合同法》，1985 年颁布《中华人民共和国涉外经济合同法》，1987 年颁布《中华人民共和国技术合同法》。

　　[2]　参见史际春、孙虹：《论"大民事"》，载《政法论坛》2012 年第 4 期，第 114 页。

　　[3]　参见翟相娟：《经济法视阈中的利益观》，载《河北法学》2011 年第 7 期，第 139 页。

者在此提出的"经济合同"的观点，严格来讲，更多的是具有学理意义，作为一种学术研究。因为现实当中的法律具有滞后性，学术研究应当走在现实法律的前面，笔者认为，这也是学术研究的价值所在。

从现有的争议解决方式中，寻找其现实操作的可能性，这才是当务之急。根据前面的论述可以看出，财政部认定 PPP 项目属于政府采购范畴，项目操作的依据相应也是政府采购相关法律。因此，争议解决自然同样采用政府采购相关的法律法规。而政府采购法明确规定政府采购合同适用合同法，采购人和供应商之间按照自愿平等的原则行使权利履行义务。在 PPP 项目合作协议认定为政府采购合同的基础上，其争议解决就应该按照民事争议采取民事诉讼的途径进行救济。因此，财政部发布《政府与社会资本合作法（征求意见稿）》（以下简称财政部《意见稿》），向社会广泛征求意见。对于合作协议的争议解决，财政部《意见稿》第 49 条明确规定，因 PPP 项目合作协议而引起的争议依据民事途径加以救济。财政部《意见稿》是政府与社会资本合作领域的立法尝试，如果成功，将属于真正意义上的"法律"（狭义的法律）。但是，已知经过全国人大常委会 2014 年对于行政诉讼法进行修改之后，行政诉讼法已经把因特许经营协议引发的争议认定为行政协议，并且采用行政诉讼的救济方式。可见，两者存在冲突将不可避免。

笔者认为，财政部的立法规定与现行法律制度的兼容性必须进行考虑。从法律体系的统一性的角度，财政部《意见稿》有关争议解决的设置也要充分考虑行政诉讼法的相关规定。由此，财政部《意见稿》对于 PPP 项目争议的解决机制的设计还应该进一步完善。关于"合作协议"性质的认定，有必要结合 PPP 项目类别做出区分。正如 PPP 项目类别可以分为外包类、特许经营类和私有化类，这是 PPP 项目合作协议内容和性质差别的外在体现。首先，应对这三类 PPP 项目合作协议的性质进行合理定位。其次，在既有类型化分析基础上，对关于 PPP 项目相关法律适用依据进行调整，使之与政府采购法和行政诉讼法保持协调一致。"这不但有助于优化 PPP 项目救济机制，提振社会资本参与的信心，同时在制度设计上，也有助于合理配置立法资源，避免由于制度设计不当导致的立法冲突，为后续的法律适用扫清障碍"。①

同时，笔者认为，面对当前诉讼方式解决争议的困难局面，设立政府内部协调机构在当前的合作争议解决过程中同样重要。特许经营合同具有私法合同的性质，公私双方在发生争议时应先协商解决问题，这是成本最低、最便捷的争议解决方式，既可以提高效率，又能有效节省司法资源。《基础设施和公用事业特许经营管理办法》就规定"协商"应成为争议解决的先行步骤，② 在协商不能解决争议时，再选择仲裁或者诉讼的方式。

另外，应该注意的是，有关合作协议的争议解决不能影响公共产品和服务的持续提供。囿于基础设施的公共属性，是广大社会公众须臾不可离开的物质基础，应该保证公共产品和服务提供的连续性。因此，公私合作期间的任何争议的发生，不能影响公共产品和服务的正常提供，我国现行法律法规对此已作出规定。③

6.6　政府监管的完善对策

基础设施领域公私合作契约关系的现实运作，离不开政府的监管。针对当前公私合作当中，我国政府存在的各种监管问题，本书认为，首先应当完善政府监管机构的设置，并且保证不同的监管部门之间实现协调。其次，在市场准入、市场退出、安全与公平方面也要完善政府监管。最需要引起重视的，还是加强政府自身的监管，这就需要强化对政府的"问责制"监管。

6.6.1　监管机构的设置与协调

基础设施领域政府监管机构的设置十分重要，因为它关系到监管机构

---

①　参见李样举：《PPP 争议解决机制设计应注重制度兼容性》，载中国政府采购网 http://www.ccgp.gov.cn/dfcg/llsw/201601/t20160122_6480616.htm，2016 年 1 月 21 日访问。

②　《基础设施和公用事业特许经营管理办法》第 49 条规定："实施机构和特许经营者就特许经营协议履行发生争议的，应当协商解决。协商达成一致的，应当签订补充协议并遵照执行"。

③　《基础设施和公用事业特许经营管理办法》第 52 条规定，"特许经营协议存续期间发生争议，当事各方在争议解决过程中，应当继续履行特许经营协议义务，保证公共产品或公共服务的持续性和稳定性"。

的职权能否顺利行使。本书认为，我国基础设施领域公私合作中监管机构的设置，一方面要对监管机制的内在要求进行关注，另一方面也对中国行政文化和行政管理体制的特点进行考虑，应该努力在两者之间实现有效的平衡。

1. 设立相对独立的监管机构

当前我国基础设施领域公私合作当中，监管机构与政府行政机构的"政监合一"确实存在诸多弊端，由政府行政部门简单设立监管机构，势必会因为政府部门行政权力过度集中而导致其职能不清与职能不分，这对于基础设施的监管无疑有害无利。因此，面对此种情况，有不少学者建议应当设立完全独立于行政部门的监管机构。但是，笔者认为，这恐怕不符合我国现实国情。长期以来，我国的行政管理体制受历史文化传统的影响尤为深刻，将监管机构完全独立于政府行政部门之外，不仅监管机构获得政府部门支持难度会加大，还可能加剧两个机构之间的疏离与对立。因此，设立完全独立于行政部门的监管机构的观点在我国当前暂时不具有可行性。

对于基础设施的监管，当前多数学者都同意建立独立或者相对独立的监管机构。基础设施领域的公私合作当中，政府部门之所以要建立相对独立的监管机构，以维持监管者的自主性。是因为，"公用事业（基础设施）改革中政府的自主性至关重要"。[①] 公共政策的制定过程中，公共权力不受个别势力的干扰十分关键，因为这将决定制定出的公共政策与政府代表的公共利益是否具有一致性以及一致性程度的高低。如果监管机构缺乏自主性，就容易出现被经营者或某些利益集团"俘获"的风险，无法代表和维护公共利益。监管机构的地位实际上很特殊，因为它既可能站在经营者一方，帮助其从公众消费者处获取高额利润，损害公众利益；也可能站在消费者一方，限制经营者获取利润，损害经营者的利益。为了保持监管者的自主性，必须确保它的相对独立性。因此，我国传统上的由行政机构同时充当公私合作的监管者，势必存在利益冲突。对此，我国政府可以借鉴英、美等国的经验，例如美国各州的公共事业管制机构——公共事业

---

① 参见汪永成：《公用事业市场化政策潜在的公共风险及其控制对策研究》，载《江海学刊》2005 年第 1 期，第 399 页。

管理委员会（PUC），或者是英国财政部下设立的专门管理机构负责公私合作项目的相关工作。[①]

结合国外的先进经验，同时立足我国实际，笔者认为，我国基础设施政府监管可行的办法是：以"政监分离"为基础，建立隶属于行政部门的、具有相对独立性的监管机构。具体来讲就是，原来的基础设施政府主管部门主要负责制定相关产业政策，以及与其他政府部门间的协调合作，不再进行具体监管。在原来的主管部门之下设立各行业的监管机构，将当前分散在其他部门的监管权都需收归该机构依法行使。该机构作为产业的主管部门，同时也是相对独立的监管部门。另外，该机构还要对所属的政府主管部门负责。采取此种监管机构模式是因为，短时期内我国还无法将各行业的监管权统一到一个政府部门，因此，先采取行业监管机构的模式，对各行业监管职能进行整合，等到将来各种条件具备之时，再建立隶属于政府但独立于政府各部门的综合性监管机构，如美国各州的公用事业委员会。

2. 建立跨部委协调机制

此前，财政部《政府和社会资本合作法（征求意见稿）》提出"县级以上人民政府财政部门会同其他有关部门，对政府和社会资本合作实施方案进行联审评审机制"。有观点认为，PPP 实施方案涉及经济、财政、金融和管理等多个专业，是项目各项工作的指南和依据，发改委作为投资主管部门已经建立了一套政府投资项目决策审批机制，现在财政部再建立，属于资源重复配置，势必造成浪费。[②] 当前发改委与财政部都致力于推进PPP，形成了所谓的"部委之争"，实际上，"部委之争"的根本原因是两部委的目的和侧重点不同，存在各自的利益目标。对于发改委与财政部哪一个更应该作为我国 PPP 模式推进中的主导部门，当前还未形成一致观点。有学者主张发改委为主导，在资金安排上，财政部门应当居于辅佐和从属地位，服从发改委部门的指挥。理由是两部门之间存在目标冲突的前

[①]　参见贾康、孙洁：《公私合作伙伴机制：新型城镇化投融资的模式创新》，载《中共中央党校学报》2014 年第 1 期，第 70 页。

[②]　参见谢玉娟：《PPP 争议谁说了算？》，载《界面新闻》2016 年 1 月 21 日访问。

提下，参与各方地位并不平等，因此应该由强势的一方去进行协同工作。①
有学者主张以财政部为主导，以分工明确为前提，与各级政府的各个职能
部门进行协调，共同完成监管任务。②

笔者认为，为防止部委之间的职能交叉与利益博弈，建议借鉴英国的
经验，建立部委之间的协调机制。而建立协调机制的一个重要前提，就是
明确各部委之间各自的职能界限。在我国，发改部门通常的职责是，提出
国民经济发展计划、经济总量的目标以及各产业的结构政策等。对于公私
合作项目，发改部门负责宏观规划，进行原则上的总量与结构指导，引导
民间投资用于固定资产投资方向；而财政部门的职责是，公私合作项目
中，负责财政资金的安排与使用。即使是同样的财政性建设拨款，不同的
支出模式带来的经济效益与社会效益并不相同，这是发改部门所无法有效
控制的。总之，发改部门负责总量与结构的相关规划，不直接参与具体项
目的运作；财政部门负责对发改部门的总体规划进行分类落实，提高财政
资金的使用效益。正如财政部在其《政府和社会资本合作法（征求意见
稿）》第 6 条对于"管理体制"作出的详细规定。③ 当前 PPP 模式的推进
中，为了理顺当前职能交叉打架的混乱模式，笔者认为，应该以财政部主
导，完善项目财政管理，同时努力协调发改委等其他部门进行配合，做好
各项工作。

另外，当前两部委正在积极推进 PPP 的专门立法，意图将当前的部门
规章上升为真正的"法律"。的确，我国当前的立法现状对于 PPP 的推进
形成了一定阻碍，从法律效力上讲，部委规章无法与人大以及人大常委会
颁布的法律相抗衡。而且，由于 PPP 项目 20～30 年的长周期，仅用政府
几年内有效的短期文件进行规范有可能会加大投资者风险。另外，当前各

①　参见周志忍、蒋敏娟：《整体政府下的政策协同：理论与发达国家的当代实践》，载《国
家行政学院学报》2010 年第 6 期，第 30 页。
②　参见张偲：《地方政府投融资公私合作制的监管体制创新研究》，载《当代经济管理》
2015 年第 4 期，第 82～83 页。
③　财政部《政府和社会资本合作法（征求意见稿）》第 6 条规定："国务院财政部门负责指
导协调、监督管理全国政府和社会资本合作工作，并会同有关部门制定政府和社会资本合作综合
性政策措施。国务院发展改革、国土资源、住房城乡建设、交通运输等有关主管部门按照各自职
责负责有关政府和社会资本合作政策的制定和监督管理工作。县级以上人民政府财政部门负责指
导协调、监督管理本级行政区域内的政府和社会资本合作工作。县级以上人民政府发展改革、国
土资源、住房城乡建设、交通运输等有关主管部门在各自职责范围内负责政府和社会资本合作项
目实施和监督管理工作。"

部委争先发文，却始终没有更高层面的法律制定出台，如果出现冲突无法选择谁更优先适用。所以，学术界与实践中对于 PPP 的专门立法呼声很高。但是对此笔者认为，因为公私合作制本质上是公私部门之间形成的一种契约关系，最为重要的是契约精神，法治思维未必通过具体立法才能实现，正如英国和澳大利亚等国的 PPP 项目就多用政策和指南来指导，同样发展得很好。过多的部门立法或者人大立法若未能进行好的协调，反而容易给具体实践带来困惑，因此建立现有法律法规的衔接基础上的协调机制同样重要。

6.6.2　完善市场准入的政府监管

关于市场准入的政府监管完善对策，本书主要从制度规范层面进行，包括准入条件的制度规范与准入方式的制度规范。

1. 准入条件的制度规范

明确中央特许经营立法与地方特许经营立法的立法权限，是完善市场准入制度的前提和基础。按照《行政许可法》的规定，特许经营立法的法律位阶不能低于法规层面。因此特许经营立法的立法低位阶就是当前需要重点解决的问题。只有这样，中央和地方的立法权限的配置才有现实意义。因此，中央和地方特许经营立法的配置应当遵循基础设施的公益属性，同时，给予地方政府特许经营立法一定的灵活性。

其中，对于禁止准入的领域，还是应当由中央立法作出明确规定，这也是基于国家进行总体经济调控和监管的需要。对于不适合采用特许经营方式进行建设和运营的基础设施，应当在立法中予以明确规定。对于禁止准入行业的规定也相当于是从政策上引导可以准入的行业。对于准入的基本条件，应当在中央层面的立法中予以明确规定。地方可以在中央立法的基础上，具体设定其他可行的条件。但是，应当明确，地方对于中央立法规定的准入条件，必须严格适用，不得有所减损。这将有利于减少地方政府实践当中的任意和不当行为。

2. 准入方式的制度规范

应当看到，没有统一有序的制度安排的情况下，尽管我国地方政府在之前的特许经营实践当中运用了多种准入方式，但是特许经营制度的执行效果也并不理想。令人欣慰的是，当前国家层面已经开始注意准入方式相关政策的制定与更新。①

根据当前的相关法律规定可以看出，招标方式的适用也是有前提的，并且不适合采用招标方式的，还可以采取其他方式。财政部《政府采购竞争性磋商采购方式管理暂行办法》《政府和社会资本合作项目政府采购管理办法》，对于 PPP 项目规定了五种采购方式，具体是："公开招标、邀请招标、竞争性谈判、竞争性磋商以及单一来源采购"。可见，当前财政部有意于将 PPP 认定为政府采购范畴，并且是区别于工程采购的服务采购。而且，五种采购方式中，"竞争性磋商"是财政部为推广 PPP 模式提出的全新方式。相较于以往的"竞争性谈判"，财政部对于"竞争性磋商"更加寄予厚望。大多数情况下，在基础设施建设的初级阶段，政府方面只能提出服务结果、目标要求，而对于服务过程、方式、质量评价通常无法立即确定，更加不确定如何通过协商机制比较和选择潜在供应商。而传统的"竞争性谈判"、"单一来源采购""询价"等方式要求政府对基础设施建设所需要的质、量、价在准入活动之前就要形成基本判断，这显然与基础设施建设类型的多样化以及政府需求的深度要求不相适应。而"竞争性磋商"方式就可以有效解决这方面的问题。大量的 PPP 项目可以通过"竞争性磋商"方式在政府与投资人之间形成双向选择，从而给政府和私营部门双方较大的空间，使谈判人员的谈判能力上的压力相应有所降低。尤其是对于规模较大、技术要求较高以及管理水平要求较高的基础设施项目，可以允许双方通过磋商方式完成经营者选定。

综上所述，当前我国 PPP 模式的推广中，出现了多种准入方式的规定，为甄选公私合作伙伴提供了多种选择，而并非如过去那样，不加区分的仅局限于传统的招标方式。但是需要明确的是，多种准入方式分别有各自的适用条件，也同时存在利弊，应该根据实际情况选择采用。还有应当注意的是，当前政策中已出现对于"资格预审"前置条件的规定，这有助

---

① 正如《基础设施和公用事业特许经营管理办法》第 15 条规定，"实施机构根据审定的特许经营项目实施方案，应当通过招标、竞争性谈判等竞争方式选择特许经营者。特许经营项目建设运营标准和监管要求明确、有关领域市场竞争比较充分的，应当通过招标方式选择特许经营者"。

于政府选择和采用更加合适的准入方式。①

6.6.3　完善市场退出的政府监管

关于市场退出政府监管的完善对策，本书认为，主要包括对市场退出的立法完善，正常退出中对于特许经营期限制度的规范，以及非正常退出中对于政府撤销权行使的制度规范。

1. 市场退出的立法完善

基础设施特许经营市场退出政府监管的前提是对于中央与地方立法权限的厘清。而中央与地方的特许经营立法权限的分配前提，就是提高中央与地方特许经营立法的法律位阶。本书认为，我国基础设施领域公私合作改革当中，中央和地方特许经营立法权限的划分思路是：中央应当从宏观上进行原则性的总体指导，地方政府则具体落实和执行中央的决定。具体来讲，为顺利推进我国基础设施领域的公私合作，解决现有规制体系缺乏配合和协调等弊端，中央层面亟须制定统一的基础设施（公用事业）特许经营法，而非现在的"管理办法"。中央立法中对我国当前各地经济发展程度以及基础设施市场化发展程度应当进行充分考虑，在做出特许经营立法原则性规定的基础上，要同时照顾到地方不同情况。即应具有一定程度的开放性，给地方立法一定的灵活度。地方立法主要任务就是落实中央的原则规定，并进行查缺补漏。地方应当以制定清晰的基础设施特许经营立法规划为基础，根据上位法的规定，结合地方特色和实践需要，制定有关特许经营的实施细则，以求更好地指导和规范当地的特许经营活动。

2. 特许经营期限的制度规范

如前所述，"特许经营"设立的目的是引入市场竞争机制，但是过长的特许经营期限，不利于促使特许经营者努力改进管理，还会剥夺市场上其他竞争者的竞争机会，阻碍基础设施市场的开放和公平竞争，而且过长

---

① 财政部《政府与社会资本合作项目政府采购管理办法》第 5 条规定，"PPP 项目采购应当实行资格预审。项目实施机构应当根据项目需要准备资格预审文件，发布资格预审公告，邀请社会资本和与其合作的金融机构参与资格预审，验证项目能否获得社会资本响应和实现充分竞争"。

的特许经营期还容易引发各种风险。因此，特许经营期限的限定就十分重要。2015 年 6 月 1 日起实施的《基础设施和公用事业特许经营管理办法》规定"基础设施和公用事业特许经营期限最长不超过 30 年"。① 同时，对于特许经营期满，是否可以延期的问题，有学者提出，"特许经营立法中不应有准许特许经营者申请延期的规定"。② 笔者认为，这种观点未免过于绝对。③ 应该根据合作项目的实际情况，经过充分的评论论证后，认为确实有延期必要的，可以准许一定期限的延长。另外，对于"优先权"问题，笔者认为，简单规定原有的特许私营者在同等条件下拥有优先权，确实不利于更合适的潜在竞争者的参与合作。比较看来，山西省的处理更为合适。④ 因此，笔者认为在接下来的特许经营相关立法中，应该去掉"同等条件下，原特许经营者优先获得特许经营"的规定，借鉴某些地方政府的有益做法，改为选择"从业经历和业绩良好的企业"。这其实又回到了前述市场准入条件的问题上。

3. 对于政府撤销权条件的设定

笔者认为，关于市场退出的具体情形，在未来的中央基础设施特许经营立法中应当予以明确。⑤ 同时，对于不同情形下政府采取相应规制与监管措施的条件和程序应当作出明确规定。其中，重点规范政府撤销权的行使，这样做的目的在于设定政府行使撤销权的条件，迫使其在法律的框架内规范行使权力，避免对特许经营者的利益造成损害。另外，应当明确只有法律与行政法规才能对政府行使撤销权的条件进行设定，法律与行政法规以外的其他规章与规范性文件等都无此项权力，中央进行特许经营立法

---

① 《基础设施和公用事业特许经营管理办法》第 6 条规定，"基础设施和公用事业特许经营期限应当根据行业特点，所提供公共产品和服务需求、项目生命周期、投资回收期等综合因素确定，最长不超过 30 年"。
② 参见章志远、李明超：《公用事业特许经营立法问题研究——以若干地方性法规为分析样本》，载《江苏行政学院学报》2009 年第 6 期，第 117 页。
③ 正如《管理办法》第 6 条同时规定，"对于投资规模大、回报周期长的基础设施和公用事业特许经营项目可以由政府或者其授权部门与特许经营者根据项目实际情况，约定超过前款规定的特许经营期限"；第 37 条规定，"特许经营期限届满后确有必要延长的，按照有关规定经充分评估论证，协商一致并报批准后，可以延长"。
④ "期满前 6 个月，招标选择新的特许经营者，同等条件下优先选择有相应从业经历和业绩良好的企业"。
⑤ 即"期限届满退出、特许经营者申请提前退出、政府撤回特许经营权导致的市场退出、政府撤销特许经营权导致的市场退出"。

时应当对于此条标准予以确认。这样规定旨在规范政府在特许经营实践当中的行为，避免其随意与滥权。

6.6.4　完善安全与公平的政府监管

我国基础设施领域推行公私合作制，对于政府的监管提出了更高的要求，政府不仅要进行诸如市场进入与市场退出等经济性监管，更要进行公共产品与服务的质量和价格、安全与公平等社会性监管，这是为了实现公共利益与社会福利的基本要求。

公私合作制中，私营部门关注经济利益的最大化，公共部门关注公共产品和服务的提供效率。为了吸引私营投资者，政府会拿出额外资源或财力来进行配合，这样就会产生政府性债务或潜在的支出责任，同时也会带来风险。政府提供的各种补贴和优惠政策对于那些效率不高的 PPP 项目来讲，有时实际上是一种资源浪费。如果公私合作模式未能适用得当，就会和政府提高效率和降低债务的原本想法背道而驰。

事实上，政府在与私营部门合作当中经常处于"两难"境地：一方面，如果财政补贴或者付费不足，企业不能正常运转，可能产生"市场失灵"；另一方面，如果项目效率过低，政府用财政资金进行支出，但是这会导致社会整体福利受损，产生"政府失灵"。政府之所以会面临此种处境，根本上是因为没有处理好社会整体与个体的公平与效率。如前所述，PPP 的核心意义并不仅局限于减轻政府财政负担，更深刻的意义在于引入竞争机制、风险意识、提高公共产品和服务的供给效率。但是近年来，政府盲目投资基础设施建设，"政绩工程"、"面子工程"的大量兴建造成了严重的资源浪费与效率低下，违背政府提高效率的初衷，财政的"包袱"非但没有甩掉，反而越发沉重。因此，PPP 模式想要真正发展必须要强化效率的约束。

与"效率"相对应的概念就是"公平"，PPP 模式也要注意实现公平与效率的统筹兼顾。公平与效率，更要侧重于公平。因为基础设施是国民经济的基础，与人民群众的利益息息相关，要保证人民群众都能享受基础设施带来的服务和便利，不应该有歧视等不公平的现象产生。对于消费者来讲，基础设施提供的产品和服务是生活的必需品，即使价格再高也不得不消费。因此需要注意的是，基础设施领域公私合作改革，只是公共产品和服务的提供主体由传统的公共部门变为现在的私营部门（或者是公私部门），基础设施的公益性并没有随着提供主体的变化而转移甚至消失。"普遍服务原则"则是必须始终继续坚持的。

1907 年，美国 AT&T 总裁威尔先生在年度报告中最早提出"普遍服务"这一术语，① 原本只适用于电信行业。1934 年，这一政策最先体现在美国的法律条文当中。当前，普遍服务原则在基础设施领域已经成为各国普遍遵守的基本义务和职责。"普遍服务"的内涵是，私营部门必须要以全体公民都能承受的价格来提供公共产品和服务。概括来讲，普遍服务原则具有四个特征：首先是普遍性，即对于所有社会成员，无论其在何时何地，只有其有消费需求和付费意愿，就应该保证其获得服务；其次是非歧视性，即所有获得服务的对象，不论年龄、性别、民族、职业，获得服务的机会均等；再次是可承受性，即产品和服务的价格应保持在公众可以负担的合理水平；最后是强制性，即服务提供者必须在生产经营中切实履行此义务，政府部门也必须加强监管。② 可见，普遍服务原则，不仅是公共部门的价值目标和准则，也对私营部门履行社会义务和责任提出了基本要求。

尽管不同产业当中，"普遍服务"有着不同的具体内容，但是对于中低收入者的倾斜和帮助方面的强调却是其共同的准则。由于市场主体本身具有逐利本性，使得在市场价格机制调整下，普遍服务义务不能获得有效保证。此时政府就应当出面，发挥其微观干预和管理的职能，例如，建立企业间普遍服务基金，采取有针对性的补贴措施等。政府为保障低收入者也能享受公共产品和服务，对基础设施产品和服务的质量、价格等方面进行监管，这也就是"亲贫规制"的主要内容。③ 当前各国基础设施领域普遍实行的"阶梯式水价"就是这方面规制的体现。④ 要使贫困阶层能够消

① 即 "One policy, one system and universal service"（一种政策，一种体制和普遍服务）。
② 参见蔡炳煌、王巍程：《公用事业普遍服务原则的法理基础分析》，载《经济法论坛》2011 年第 1 期，第 157 页。
③ 参见许峰：《中国公用事业民营化进程中基于公平目标的亲贫规制》，载《世界经济情况》2006 年第 24 期，第 27 页。
④ 分段累进制价格，也即阶梯式计量价格。这种结构多在水价体系上运用。西方许多国家的实践表明，阶梯水价既兼顾了低收入阶层普遍服务，又保证了自来水生产企业的利益。目前，我国许多城市已实行这种分段累进制水价体系。比如上海从 2004 年 7 月就开始实行阶梯式计量水价，北京。南京、郑州以及济南等城市也在随后相继实行。

费基础设施产品和服务，获得福利改善，政府可以对其予以补贴，比如对低收入人群实行单项补贴：水价调整补贴、电价调整补贴、供热费补贴等。

6.6.5　监管者的问责制

基础设施领域是关乎全社会利益的公共领域与基础领域，无论是传统的政府供给模式抑或是当前的公私合作模式，对于政府的公共责任的要求一刻也未曾放松。以往基础设施领域公私合作失败案例暴露出的种种问题，说明政府部门的多重角色导致责任不清晰，根本上是由于"问责制"的缺失。因此，对于当前的政府监管者，必须将"问责制"落实到位，以保证公共服务的公平与效率。

20 世纪末，西方国家兴起"新公共管理运动"，在基础设施和公用事业市场化的国际浪潮中，政府部门权力的行使方式发生了前所未有的巨大变化。① 经济和社会的快速发展，加速了公私融合的趋势，狭隘的违法责任已经无法满足实际的需求。随着公私联系的日益紧密，打破了公私部门之间原本清晰的界限，想要区分出公共责任还是私人责任变得不再容易。② 实践对于制度创新的要求之下，问责制（Accountability）开始出现，将简单的责任上升为立体结构和多元机制。现代社会经济条件下，问责制这种责任机制具有系统性的调节和整合功能，突破了传统的"违法责任"的范围限制。问责制的核心要义就是，每个具有社会角色的社会成员都必须承担相应的责任和义务，而且要通过日常的机制加以督促和管理，如果出现违背角色责任的情况，必定要被追究责任，时刻不允许"脱法"。

问责制（Accountability），是一个三段式的系统构成，内涵包括角色担当（Responsibility）、说明回应（Answerability）和违法责任（Liability）。③

---

① 参见邓峰：《论经济法上的责任——公共责任与财务责任的融合》，载《中国人民大学学报》2003 年第 3 期，第 150 页。

② See Donald F. Kettl, *Sharing Power: Public Governance and Private Markets*, Washington, D. C., The Brookings Institution, 1993, P. 13.

③ 参见史际春、冯辉：《"问责制"研究——兼论问责制在中国经济法中的地位》，载《政治与法律》2009 年第 1 期，第 6 页。

角色担当，对应的英文翻译是 Responsibility，这是指赋予特定主体的具体化的角色责任。当今社会，为保证经济和社会正常和顺畅运行，每个社会成员都被赋予了差异化的角色。要完成好肩负的角色责任，就必须尽到忠实的义务。这里包括各种角色，角色的权利义务设置要求清晰明确，避免混乱和交叉。合同、约定和习惯是设置和完善私人领域角色的方法和途径；而政府公共管理和国有企事业单位中的带有公共属性和社会属性的角色设置和完善则是问责制的当然的重点。

说明回应，对应的英文翻译为 Answerability，是指角色责任实现的动态化过程，即需要日常的制度化或非制度的监督和管理。这就区别于以往的静态的角色设置。当今社会，对于角色要求逐渐提高，角色常常是复杂多变的。如果日常未对角色担当进行督促和调整，直到产生严重后果才启动责任追究，不但为时已晚，而且紧急状态下由于特定角色信息缺乏，不但使责任追究的成本提高，难度加大，同时法律实施的效果也无法保证。

违法责任，对应的英文翻译为 Liability，即针对违法行为追究违法责任。此环节一直受到传统法律责任的高度重视。它的重要性在于作为法治秩序的最后屏障，是对于事先确定的角色履行不能而进行最后的约束或惩罚。传统的事后追究的法律责任，显然无法满足现代社会关系复杂的普遍需求。因此，违法责任势必只适合成为问责过程中的一个环节，在角色担当和说明回应之后，起到最终的惩戒作用。

问责制在基础设施公私合作中的运用十分关键，尤其可以起到对政府监管者的监管作用。公私合作多重契约关系下，政府相应扮演不同的角色，包括作为规则制定者、合作直接参加者、合作监管者以及最终责任承担者等。其中，政府作为公众利益的代表者，对于公共产品和服务的提供负有不可推卸的天然责任，这是对政府角色担当的基本要求。然而，由于政府也是由政府人员构成，同样存在"有限理性"，扮演的多重角色之间难免产生冲突，影响角色责任的有效发挥。为了防止不同角色之间的冲突，就要求运用"问责制"进行监管。即政府针对不同的角色建立起清晰的角色责任，明确每个角色的权利义务与责任。在这个前提下，建立日常的监督机制，对于私营部门、公众以及社会的需求、疑问和自己的角色承担效果做出说明和回应，有效解决随时发生的各种问题，提高政府部门的工作质量和效率。当然，作为传统责任制度的最后一环，违法责任的追究也是必不可少的，这将给政府部门施加必要的压力，促使政府部门作出理性行为。如果政府部门确实出现损害私营部门合作者利益甚至是广大公众利益的不当行为，也必然要追究政府部门及其工作人员的违法责任。

6.7　公众参与的完善对策

公民参与是社会公众从私人领域走向公共领域，从关注自我世界转向关注公共生活的过程。在此过程中，公民开始关注与其生活密切相关的公共政策和政务信息，并努力对其进行获取、了解、问询，同时进行协调和监督。公民参与有助于实现国家行政公开化、公共决策合理化以及政治民主化。[①]

6.7.1　提高公众参与的积极性

当前世界范围内的实践已经证明，公众参与可以提高基础设施服务的效率，促进公私合作的成功。[②] 因此，应当鼓励更多的公众参与到基础设施领域的公私合作当中。基础设施领域公私合作改革引起政府部门、私营部门与社会公众利益的重新整合，社会公众作为其中的弱势群体，难免会对这项改革事业产生疑虑甚至抵触。此时，政府的作用被凸显出来，这就是创设有利于改革推进的舆论环境，消除公众对于改革的疑虑和误解。政府应当通过可能的渠道和方式对公众进行相关的宣传和教育，让公众理解改革的原因、预期的成效以及公众可以获得的预期利益。[③]

为了使基础设施领域公私合作改革顺利推进，在进行改革前，政府部门应当对公私合作可能给公众带来的影响进行认真评估，在具体方案设计

---

① 参见白祖纲：《公私伙伴关系视野下的地方公共物品供给》，苏州大学博士学位论文，2014 年，第 144 页。

② 世界银行运用非洲、亚洲和拉丁美洲 49 个国家 121 个乡村供水项目的数据，研究了公民参与和项目业绩之间的关系。在 49 个参与程度较低的项目中，只有 8% 是成功的，在 42 个受益者高度参与的项目中，64% 都是成功的。因此，"在可能的条件下，应当鼓励使用者和其他受益人直接参与公共物品的设计、实施和监督。"参见世界银行：《变革世界中的政府》，中国财政经济出版社 1997 年版，第 11 页。

③ 参见张丽娜：《城市公用事业公私合作中的政府责任》，载《理论探索》2010 年第 6 期，第 109 页。

时，为获取公众支持，可以采取相应措施消除负面影响。国外政府推行公私合作改革中的成功经验值得我们借鉴。比如，英国政府利用广播、电视和出版物等媒体大规模发布广告，向公众宣传公私合作模式的优势；斯里兰卡政府在一年的时间内用三种语言通过媒体宣传公私合作模式，旨在向公众推广公私合作模式的含义、推广原因、具体操作以及可能取得的预期收益等。因此，我国政府在公私合作改革推行之前，也应当开辟专门的渠道向公众发布相关的信息，并对相关信息进行解释，让公众了解政府部门的有关决策，让更多的公众参与进来，提高公众参与积极性，减少改革的阻力。

6.7.2　拓展公众参与的深度和广度

公众消费者因为本身具有分散性的特点，在公私合作契约关系当中，处于劣势地位，参与公私合作的程度受到各种限制。为了维护公众的基本权利，应当拓展公众参与公私合作的深度和广度。事实上，公民参与本身非专业性的特质，会对公私合作中公私部门的整体效率造成影响，这种狭隘观念在实践中已经被无情打破。[1] 当前，我国政府的治国理念不断更新，民主化进程不断发展，在此影响下，公民的民主意识得到极大的提高，具体表现就是公众参与公共决策的愿望和要求日益清晰和强烈。因此，我国各级政府在制定公共决策以及进行体制创新时应当以公众为导向，即以公民的不同偏好为基础，以满足公民对公共产品和服务的特定需求为目标，重视公私合作模式问题解决过程中的公众参与深度与广度。

经济学家赫希曼提出，如果企业提供的产品或者服务不符合消费者的需求，消费者可以通过个人投诉或者团体诉求的方式表达不满。[2] 对于公众来说，基础设施关乎其切身利益，具有不可替代性，对于基础设施领域的产品和服务，消费者不具有退出的选择权利。此时，自然垄断企业则有

---

① 美国一份调研报告表明，根据美国公私合作模式供给地方基础设施中的公民参与效果得出，公民参与是很多公共项目取得成功必不可少的战略因素，公众参与更是能够进一步降低私营部门对价格管理、服务水平维护以及融资行为的风险与不确定性。参见白祖纲：《公私伙伴关系视野下的地方公共物品供给》，苏州大学博士学位论文，2014年，第149页。

② 参见阿尔伯特·O·赫希曼：《退出、呼吁与忠诚——对企业、组织和国家衰退的回应》，经济科学出版社2001年版，第33页。

可能利用消费者这种被动地位，不思进取，甚至侵犯其利益。因此，对基础设施的经营方式，私营经营者选择等问题公众有知悉的权利，更有表达自己的利益诉求的权利。要保证公众消费者在公私合作当中的参与权，增加公众参与的广度与深度，就要求在政府、私营部门以及社会公众之间形成良好的互动。即政府部门为私营部门设定基本规则，进行监管，并且根据私营部门的履约行为选择提供奖励或进行惩罚；公众有权利监督政府，如果政府机构作出不利公众利益的行为，公众可以通过对政府施加压力和影响的方式，迫使其作出有利于公众偏好的回应；公众也有权利通过一定渠道监督私营部门经营者，从而表达自己的利益诉求。① 某种程度上，公众参与的深度与广度决定了公私合作模式的深度与广度。

---

① 参见詹国彬：《公用事业民营化改革：五大问题和政策构想》，载《广西经济管理干部学院学报》2004 年第 1 期，第 27~28 页。

第7章 结 论

当前我国正值公私合作制大力推广阶段，如果公私合作当中的现实问题处理不好，不但会制约公私合作制的推动和落地，无法有效发挥其生机和活力，更加不能使其助力社会主义市场经济的建设和发展。因此，笔者在现有研究成果的基础上，吸取经验，总结不足，进行本书研究，希望可以对我国基础设施领域公私合作制的理论与现实问题的解决贡献自己的微薄之力。

通过研究，本书主要形成了以下结论：

其一，明确公私合作关系的本质是契约关系，这是公私合作实践取得成功的重要前提。公私合作体现为三重契约关系，分别是政府与公众之间的契约关系，政府与私营部门之间的契约关系以及私营部门与公众之间的契约关系。其中，公私部门之间的契约关系最为重要。公私合作制中，公私部门之间建立的是一种长期的合作关系，而合同的签署则是合作关系建立的前提。合同的作用在于对公私部门各自的权利义务与责任进行约定，从而有利于发挥合同双方的各自优势，进行风险分担和利益共享。公私部门之间契约关系的具体表现形式多样，最具代表性的就是特许经营合同。关于特许经营合同的法律属性，本书认为特许经营合同理论上是具有公私融合性质的经济合同。

其二，公私合作契约关系当中，对于政府能力和责任提出了更高的要求。如前所述，公私合作形成了多重契约关系，多重契约关系之下，政府需要扮演多重角色，包括合作规则的制定者、合作的亲自参加者、合作的监管者、争端的解决者、最终责任的承担者、民意的代表者以及公平正义的维护者和捍卫者等。如果处理不好，多重角色之间容易出现冲突，如契约签订者和民意代表者的冲突、规则制定者和监管者的冲突以及契约签订者与最终责任承担者的冲突等。多种冲突导致政府面临自身的角色困境，角色困境可能使政府在与私营部门进行合作时出现寻租腐败、被经营者"俘获"以及政治合法性的危机。要想突破自身的角色困境，在公私合作契约关系中扮演好被赋予的各种角色，对政府的能力提出了更高的要求，这就需要重视"问责制"的重要作用，具体来讲就是对于被赋予自己的角色勇于进行角色担当，忠实所承担的各种角色；对于私营部门、公众以及社会的需求和疑问做出合理的说明回应，有效解决随时发生的各种问题，提高政府部门的工作质量和效率；当然，作为传统责任制度的最后一环，违法责任的追究也是必不可少的，这将给政府部门施加必要的压力，促使政府部门作出理性行为，如果确实出现损害私营部门合作者利益甚至是广大公众利益的不当行为，也必然要追究政府部门及其工作人员的违法责任。

其三，坚持社会责任本位，重视公众的地位和公众参与的作用。公私合作契约关系当中，政府与私营部门无疑是最重要的两个主体，这是公私合作得以开展的基本前提。但是，应当注意到，公私契约关系中，还存在政府与公众之间的内在的契约关系，这种契约关系具有隐性的特点，不是存在于法律条文中，更多是存在于公众的"民意"当中。政府在公私合作的实践当中可能不会受到这种契约关系的直接约束，但是不等于这种契约关系不存在。政府作为公共利益的代表，应当坚持社会责任本位，时刻以人民的利益为重。如果不能更好地为人民服务，出现寻租腐败或者逃避应当承担的责任时，这种契约就会从隐性变为显性，使政府出现政治合法性危机。政府如果想维持自己的合法性地位，就必须牢记这种契约关系的约束，始终受其规范，并且努力为公共利益着想。这就提醒政府要重视公众参与的作用，对于公众参与公共决策提供便利和途径，保证公众利益的表达。因为人民才是政府权力的真正来源。

此外，还有一个问题应当注意：公私合作的初衷是为了向社会和公众更好地提供公共产品与服务，但这并不意味着所有的公共产品和服务都应该或者可以采用 PPP 的方式。有台湾高铁 BOT 项目的失败案例在前，可知如果公私合作的方式采用不好，仍旧可以产生巨大的损失，损害公共利益。我国的京沪高铁没有采用 PPP 模式，也仍然建设得很好。因此，当前政府部门不遗余力地推广 PPP 模式，也要注意防止 PPP 模式的过度泛化应用。这就需要政府部门严格界定公私合作项目的边界，在市场准入上进行严格管控。

参 考 文 献

一、中文文献

（一）著作

［1］北京英舜律师事务所编著：《PPP 政策解读及案例分析》，法律出版社 2015 年版。

［2］财政部政府和社会资本合作中心编：《国外 PPP 案例选编》，中国商务出版社 2014 年版。

［3］法律出版社法规中心编：《中华人民共和国合同法注释本》，法律出版社 2014 年版。

［4］黄少卿、施浩等著：《基础设施投资：资金来源、投资效率与地方政府财政风险》，格致出版社、上海人民出版社 2013 年版。

［5］济邦咨询公司编著：《基础设施与公用事业民营化的中国实践》，学林出版社 2007 年版。

［6］蒋时节著：《基础设施投资与城市化进程》，中国建筑工业出版社 2010 年版。

［7］李昌麒：《寻求经济法真谛之路》，法律出版社 2003 年版。

［8］刘文华、宋彪：《经济法概论》，高等教育出版社 2012 年版。

［9］刘文华：《走协调结合之路》，法律出版社 2012 年版。

［10］刘文华著、张世明等校注：《中国经济法基础理论》，法律出版社 2012 年版。

［11］潘静成、刘文华：《中国经济法教程》（第三版），中国人民大学出版社 1985 年版。

［12］潘静成、刘文华：《经济法》（第三版），中国人民大学出版社 2008 年版。

[13] 任艳著：《制度创新与中国基础设施建设》，中国社会科学出版社 2013 年版。

[14] 史际春、邓峰：《经济法总论》（第二版），法律出版社 2008 年版。

[15] 史际春：《探究经济和法互动的真谛》，法律出版社 2002 年版。

[16] 史际春：《经济法》（第二版），中国人民大学出版社 2009 年版。

[17] 世界银行：《1997 年世界发展报告：变革世界中的政府》，中国财政经济出版社 1997 年版。

[18] 王俊豪著：《政府管制经济学导论》，商务印书馆 2001 年版。

[19] 王利明：《民法》（第五版），中国人民大学出版社 2010 年版。

[20] 王全兴：《经济法基础理论专题研究》，中国检察出版社 2002 年版。

[21] 魏振瀛：《民法》（第四版），北京大学出版社 2010 年版。

[22] 徐孟洲：《耦合经济法论》，中国人民大学出版社 2010 年版。

[23] 杨紫烜：《国家协调论》，北京大学出版社 2009 年版。

[24] 余晖、秦虹：《公私合作制的中国试验：中国城市公用事业绿皮书 No.1》，上海人民出版社 2005 年版。

[25] 张守文：《经济法理论的重构》，人民出版社 2004 年版。

[26] 张忠军、朱大旗、宋彪：《擎社会责任之光：刘文华教授 80 华诞庆贺文集》，法律出版社 2012 年版。

[27] 周建亮著：《城市基础设施民营化的政府监管》，同济大学出版社 2010 年版。

（二）译著

[1] ［美］E. S. 萨瓦斯著、周志忍译：《民营化与公私部门的伙伴关系》，中国人民大学出版社 2002 年版。

[2] ［英］达霖·格里姆赛、［澳］莫文·K·刘易斯著、济邦咨询公司译：《公私合作伙伴关系：基础设施供给和项目融资的全球革命》，中国人民大学出版社 2008 年版。

[3] ［美］戴维·H·罗森布鲁姆/罗伯特·S·克拉夫丘克/德博拉·戈德曼·罗森布鲁姆著、张成福等校译：《公共行政学：管理、政治和法律的途径》（第五版），中国人民大学出版社 2002 年版。

[4] [日] 金泽良雄著、满达人译：《经济法概论》，中国法制出版社 2005 年版。

[5] [美] 麦克尼尔著、雷喜宁、潘勤译：《新社会契约论》，中国政法大学出版社 1994 年版。

[6] [澳] 欧文·E·休斯著、彭和平等译：《公共管理导论》（第二版），中国人民大学出版社 2001 年版。

[7] 欧亚 PPP 联络网编著、王守清主译：《欧亚基础设施建设公私合作（PPP）案例分析》，辽宁科学技术出版社 2010 年版。

[8] [美] 斯蒂芬·P·罗宾斯著、黄卫伟等译：《管理学》（第四版），中国人民大学出版社 2002 年版。

[9] [日] 植草益、朱绍文等译：《微观规制经济学》，中国发展出版社 1992 年版。

（三）学位论文

[1] 白祖纲：《公私伙伴关系视野下的地方公共物品供给》，苏州大学博士学位论文，2014 年。

[2] 邹建人：《城市基础设施的市场化运营机制研究》，重庆大学博士学位论文，2004 年。

[3] 何寿奎：《公共项目公私伙伴关系合作机理与监管政策研究》，重庆大学博士学位论文，2009 年。

[4] 纪玉哲：《公共基础设施投融资改革研究》，东北财经大学博士学位论文，2013 年。

[5] 李惠先：《我国城市基础设施民营化管理体系的研究》，吉林大学博士学位论文，2011 年。

[6] 李旭晨：《公用企业的治理与运营》，上海社会科学院博士学位论文，2009 年。

[7] 梁冬玲：《PPP 模式建设项目隐性风险研究》，东北林业大学博士学位论文，2014 年。

[8] 刘燕：《公用事业公私合作中公共部门行为研究》，复旦大学博士学位论文，2010 年。

[9] 鲁庆成：《公私合伙（PPP）模式与我国城市公用事业的发展研究》，华中科技大学博士学位论文，2008 年。

［10］屈哲：《基础设施领域公私合作制问题研究》，东北财经大学博士学位论文，2012 年。

［11］任志涛：《自然垄断产业的公私伙伴关系研究》，天津大学博士学位论文，2004 年。

［12］孙洁：《城市基础设施的公私合作管理模式研究》，同济大学博士学位论文，2005 年。

［13］王艳：《制度变迁背景下中国公用事业运营模式的转型研究》，西北大学博士学位论文，2008 年。

［14］杨欣：《变革与回应：民营化的行政法研究》，中国政法大学博士学位论文，2006 年。

［15］赵颖：《我国城市公交服务公私合作机制的构建》，厦门大学博士学位论文，2009 年。

［16］郑晓燕：《中国公共服务供给主体多元发展研究》，华东师范大学博士学位论文，2010 年。

［17］郑艳馨：《我国公用企业垄断力滥用之法律规制》，中南大学博士学位论文，2011 年。

［18］周林军：《美国公用事业管制法律制度改革及对我国的启迪》，西南政法大学博士学位论文，2003 年。

［19］滕燕：《我国城市公用事业市场化改革的经济法规制研究——基于系统论的思考》，西南政法大学博士学位论文，2012 年。

（四）期刊论文

［1］陈红、黄晓玮、郭丹：《政府与社会资本合作（PPP）：寻租博弈及监管对策》，载《财政研究》2014 年第 10 期。

［2］陈明：《城市公用事业民营化中的腐败与削减》，载《财经科学》2006 年第 10 期。

［3］陈松：《公共服务民营化的假设、局限及其路径选择——公共性的回归与重构》，载《浙江学刊》2014 年第 2 期。

［4］陈婉玲：《公私合作制的源流、价值与政府责任》，载《上海财经大学学报》2014 年第 5 期。

［5］程罗宝：《论契约精神的社会整合功能》，载《南京政治学院学报》2008 年第 3 期。

［6］党秀云、杨继红：《公共服务公私合作供给中的困境与对策选择》，载《教学与研究》2011 年第 12 期。

［7］邓敏贞：《公用事业公私合作合同的法律属性与规制路径——基于经济法视野的考察》，载《现代法学》2012 年第 3 期。

［8］范柏乃、胡超君：《地方治理理论视域下 PPP 模式在中国的运行困境及优化路径》，载《中共杭州市委党校学报》2011 年第 6 期。

［9］冯果、张东昌：《市场深化下政府投融资体制的治道变革》，载《现代法学》2014 年第 3 期。

［10］洪振挺：《新型城镇化建设投融资机制设计》，载《中国市场》2015 年第 18 期。

［11］胡朝阳：《政府购买服务的法律调整体系探析——以代理理论与双阶理论为分析视角》，载《学海》2014 年第 4 期。

［12］吉富星：《我国 PPP 模式的政府性债务与预算机制研究》，载《税务与经济》2015 年第 4 期。

［13］赖丹馨、费方域：《公私合作制（PPP）的效率：一个综述》，载《经济学家》2010 年第 7 期。

［14］李德国、陈振明：《公共服务的法治建构：渊源、框架与路径》，载《厦门大学学报》（哲学社会科学版）2015 年第 4 期。

［15］李嘉娜：《论公私合作制背景下市场监管的法治进路》，载《人民论坛》2012 年第 20 期。

［16］李亢：《从分散到统一：澳大利亚公私伙伴关系制度及启示》，载《理论月刊》2010 年第 1 期。

［17］李霞：《公私合作合同：法律性质与权责配置——以基础设施与公用事业领域为中心》，载《华东政法大学学报》2015 年第 3 期。

［18］李霞：《论特许经营合同的法律性质——以公私合作为背景》，载《行政法学研究》2015 年第 1 期。

［19］李欣倩：《欧盟公私合作关系中的特许权协议研究》，载《西部法学评论》2015 年第 4 期。

［20］李秀辉、张世英：《PPP：一种新型的项目融资方式》，载《中国软科学》2002 年第 2 期。

［21］李湛湛、王守清：《论 BOT 特许协议纠纷的可仲裁性》，载

《建筑经济》2006 年 S1 期。

［22］廖雨果：《公私合作制（PPPs）中的政府角色分析》，载《甘肃行政学院学报》2006 年第 3 期。

［23］刘婧湜、王守清：《PPP 项目特许经营者选择研究——基于〈招标投标法〉与〈政府采购法〉的适用性比较》，载《建筑经济》2015 年第 7 期。

［24］刘文化：《经济法本源论》，载《经济法制论坛》2003 年第 3 期。

［25］刘文华：《经济法理论在求实、创新中行进》，载《商丘师范学院学报》2012 年第 7 期。

［26］刘文华：《固本创新、团结一致、振兴经济法》，载《商丘师范学院学报》2016 年第 1 期。

［27］刘文华：《中国经济法理论问题辩析》，载《南京大学法律评论》2002 年第 17 期。

［28］刘文华：《运用经济法理论加强经济立法》，载《中国法学》1999 年第 3 期。

［29］刘文华：《中国经济法的基本理论纲要》，载《江西财经大学学报》2001 年第 2 期。

［30］刘文华：《中国经济法是改革开放思想路线的产物》，载《法学杂志》1999 年第 2 期。

［31］刘文华、王长河：《经济法的本质：协调主义及其经济学基础》，载《法学杂志》2000 年第 3 期。

［32］卢俊、王鹤：《权力制衡、契约精神与企业效率——国有企业治理体系和治理能力现代化的途径》，载《国有经济评论》2015 年第 1 期。

［33］骆路金：《经济法视野下政府购买公共服务的激励分析》，载《宁波广播电视大学学报》2012 年第 3 期。

［34］潘云华：《"社会契约论"的历史演变》，载《南京师大学报》（社会科学版）2003 年第 1 期。

［35］彭涛：《论公私合作伙伴关系在我国的实践及其法律框架构建》，载《政法论丛》2006 年第 6 期。

［36］彭涛：《略论公共部门在 PPP 公私合作模式中的定位》，载《法制与社会》2006 年第 21 期。

［37］秦虹、盛洪：《市政公用事业监管的国际经验及对中国的借鉴》，载《城市发展研究》2006 年第 1 期。

［38］石贤平：《PPP 模式中政府交易角色与监管角色冲突的法律平衡》，载《商业研究》2015 年第 12 期。

［39］史际春：《资源性公用事业反垄断法律问题研究》，载《政治与法律》2015 年第 8 期。

［40］史际春：《经济法：法律部门划分的主客观统一》，载《中外法学》1998 年第 3 期。

［41］史际春：《经济法的地位问题与传统法律部门划分理论批判》，载《经济法研究》2000 年第 00 期。

［42］史际春、冯辉：《经济法与经济法治》，载《西部法学评论》2008 年第 6 期。

［43］史际春、李青山：《论经济法的理念》，载《华东政法学院学报》2003 年第 2 期。

［44］史际春、肖竹：《反公用事业垄断若干问题研究——以电信业和电力业的改革为例》，载《法商研究》2005 年第 3 期。

［45］史际春、姚海放：《再识"责任"与经济法》，载《江苏行政学院学报》2004 年第 2 期。

［46］史际春、赵忠龙：《中国社会主义经济法治的历史维度》，载《法学家》2011 年第 5 期。

［47］孙洁：《管理视角下的 PPP：特点、构成要素与基本原则》，载《地方财政研究》2015 年第 8 期。

［48］谭克虎、梁晓红：《台湾高铁 BOT 模式的实践及启示》，载《亚太经济》2013 年第 5 期。

［49］汪飞燕：《民营化改革中公共利益缺失的形式及原因分析》，载《江淮论坛》2005 年第 6 期。

［50］王保树：《论经济法的法益目标》，载《清华大学学报》（哲学社会科学版）2001 年第 5 期。

［51］王东：《PPP 主体关系中的政府：角色定位与行为机制框架》，载《中国政府采购》2015 年第 3 期。

［52］王灏：《PPP 的定义和分类研究》，载《都市快轨交通》2004 年

第 5 期。

[53] 王灏：《加快 PPP 模式的研究与应用——推动轨道交通市场化进程》，载《宏观经济研究》2004 年第 1 期。

[54] 王俊豪：《英国公用事业的民营化改革及其经验教训》，载《公共管理学报》2006 年第 1 期。

[55] 王俊豪：《中国基础设施产业政府管制体制改革的若干思考》，载《经济研究》1997 年第 10 期。

[56] 王磊、周沛：《社会治理体制现代化：社会服务伙伴关系演化、本土化及治理之道》，载《社会科学研究》2015 年第 4 期。

[57] 徐孟洲：《经济法的理念和价值范畴探讨》，载《社会科学》2011 年第 1 期。

[58] 徐孟洲：《经济法理论对法学基础理论的几点创新》，载《法学论坛》2008 年第 3 期。

[59] 徐孟洲：《论市场机制与宏观调控的经济法耦合》，载《法学家》1996 年第 2 期。

[60] 徐孟洲：《论中国经济法的客观基础和人文理念》，载《法学杂志》2004 年第 4 期。

[61] 徐孟洲、徐阳光：《论公法私法融合与公私融合法——兼论〈"十一五"规划纲要〉中的公法私法融合现象》，载《法学杂志》2007 年第 1 期。

[62] 徐孟洲、伍涛：《论经济法责任的内涵与基本权义关系》，载《理论月刊》2011 年第 4 期。

[63] 虞青松：《公私合作契约的赋权类型及司法救济——以公用事业的收费权为视角》，载《上海交通大学学报》（哲学社会科学版）2013 年第 5 期。

[64] 曾维和：《公共服务中的伙伴——当代西方国家公共服务合作提供模式及借鉴》，载《中国海洋大学学报》（社会科学版）2012 年第 6 期。

[65] 张碧波：《英国公私合作（PPP）的演进及其启示》，载《财经界》（学术版）2015 年第 13 期。

[66] 张宏铭、王吉英：《PPP 与政府完全代理模式运作效率的比较研究》，载《北方经济》2009 年第 4 期。

[67] 张万宽、杨永恒：《转型国家公私伙伴关系的治理研究》，载《公共管理评论》2009 年第 1 期。

[68] 张万宽：《发展公私伙伴关系对中国政府管理的挑战及对策研究》，载《中国行政管理》2008 年第 1 期。

[69] 张守文：《经济法研究的"合"与"同"》，载《政法论坛：中国政法大学学报》2006 年第 3 期。

[70] 张艳：《契约关系的法理探究》，载《延边大学学报》（社会科学版）2013 年第 2 期。

[71] 赵晔：《我国 PPP 项目失败案例分析及风险防范》，载《地方财政研究》2015 年第 6 期。

[72] 赵银科：《PPP 模式在中国运用中的法律风险》，载《审计与理财》2015 年第 2 期。

二、英文文献

[1] Bettignies J E D, Ross T W. "The Economics of Public – Private Partnerships". *Canadian Public Policy*, 2004, 30（2）: 135 – 154.

[2] Bovaird T. "Public – Private Partnerships: from Contested Concepts to Prevalent Practice". *International Review of Administrative Sciences*, 2004, 70（2）: 199 – 215.

[3] Brenck A, Beckers T, Heinrich M, et al. "Public – Private partnerships in new EU member countries of Central and Eastern Europe: An economic analysis with case studies from the highway sector". *Eib Papers*, 2005, 10（2）: 83 – 111.

[4] Brooks H, Liebman L, Schelling C. "Public – Private Partnership: New Opportunities for Meeting Social Needs". *Journal of Policy Analysis & Management*, 1985, 4（2）.

[5] Chowdhury A N. "Analysing the structure of Public – Private partnership projects using network theory". *Construction Management & Economics*, 2011, 29（3）: 247 – 260.

[6] Ehrlich M, Tiong R L K. "Improving the Assessment of Economic Foreign Exchange Exposure in Public – Private Partnership Infrastructure Projects".

Journal of Infrastructure Systems, 2012, 18 (2): 57 – 67.

[7] Erik – Hans Klijn, Geert R. Teisman. "Institutional and Strategic Barriers to Public – Private Partnership: An Analysis of Dutch Cases". *Public Money & Management*, 2003, 23 (3): 137 – 146.

[8] Essig M, Batran A. "Public – Private partnership – Development of long-term relationships in public procurement in Germany". *Journal of Purchasing & Supply Management*, 2005, 11 (5): 221 – 231.

[9] Hodge G A. "The risky business of Public – Private partnerships". *Australian Journal of Public Administration*, 2004, 63 (4): 37 – 49.

[10] Kumaraswamy M M, Zhang X Q. "Governmental role in BOT – led infrastructure development". *International Journal of Project Management*, 2001, 19 (4): 195 – 205.

[11] Li B, Akintoye A, Edwards P J, et al. "The allocation of risk in PPP/PFI construction projects in the UK". *International Journal of Project Management*, 2005, 23 (1): 25 – 35.

[12] Macneil I R. "Relational Contract Theory: Challenges and Queries". *Northwestern University Law Review*, 1999, 94 (3): 877 – 907.

[13] Ng A, Loosemore M. "Risk allocation in the private provision of public infrastructure". *International Journal of Project Management*, 2007, 25 (1): 66 – 76.

[14] Parker D, Hartley K. "Transaction costs, relational contracting and public private partnerships: a case study of UK defence". *Journal of Purchasing & Supply Management*, 2003, 9 (3): 97 – 108.

[15] Pongsiri N. "Regulation and Public – Private partnerships". *International Journal of Public Sector Management*, 2002, Volume 15: 487 – 495.

[16] Scharle P. "Public – Private Partnership (PPP) as a Social Game". *Innovation the European Journal of Social Science Research*, 2002, 15 (3): 227 – 252.

[17] Schmidt K M. "The Costs and Benefits of Privatization: An Incomplete Contracts Approach". *Journal of Law Economics & Organization*, 1996, 12 (1): 1 – 24.

[18] Spackman M, Spackman M. "Public – Private partnerships: lessons from the British approach". *Economic Systems*, 2002, 26 (3): 283 – 301.

[19] Tang L Y, Shen Q, Cheng E W L. "A review of studies on Public – Private Partnership projects in the construction industry". *International Journal of Project Management*, 2010, 28 (7): 683 – 694.

后　记

此篇书稿是在我的博士论文的基础上修改而成。论文得以最终成书，我要感谢的人很多……

首先感谢我的博士后合作导师，中国财政科学研究院原副院长、研究员，博士生导师王朝才。王老师是中国财政学界著名的专家和学者，多年来潜心研究财税理论与政策，主持和参与国内外多项重大课题，成果丰硕。王老师为人乐观豁达，对待学生亲切平和，做人、做事、做学问是王老师对学生的殷切嘱托和期望。能跟随王老师进行博士后期间的学习和工作，我感到十分荣幸，本书的出版更是得益于王老师的悉心指导和大力支持。

由衷感谢我的博士生导师，中国人民大学法学院刘文华教授。刘老师是中国经济法学的开创者之一，对经济法学研究做出杰出贡献。作为师者，刘老师教给我的，是博大精深的经济法思想和理论；作为长者，刘老师教给我的，是他以身作则的行事之风和一丝不苟的质朴人格。尤其难能可贵的是，对于经济法，他始终怀有一颗赤子之心，这些无不让我受益终生。在我的博士论文写作期间，耄耋之年的他仍然对我予以殷切关心，无论是论文的行文结构还是个别语句的措辞表达都得到他老人家的细心指导。师恩如山，没齿难忘！

特别感谢中国人民大学法学院史际春教授。我的博士论文得以顺利完成，倾注了史老师大量的心血，从论文选题到写作再到修改，都离不开他的悉心指导和帮助，对于我在论文写作过程中的每个小小的疑问，史老师都有问必答、及时回复，即使是春节假期也不例外。史老师对于学生的极大耐心，让我十分感动。史老师让我看到了师者身上闪耀的光辉！

真心感谢中国人民大学法学院徐孟洲教授、朱大旗教授、刘俊海教授、吴宏伟教授、张世明教授、宋彪副教授……。各位老师对于我的博士论文写作和修改都曾给予耐心帮助和指导，感谢人大法学院让我有机会跟随各位老师学习和成长。

还要感谢北京师范大学社会管理研究院支部书记兼副院长赵秋雁教授，从硕士到博士，她对我的学习和生活一直悉心关照，尽管她肩负教学、科研与行政职务的重任，仍然时常提醒我写作博士论文要放松心情、劳逸结合。

感谢经济科学出版社的编辑，他们对待工作认真负责，耐心细致，对于本书的修改和校对做出了大量的工作。

感谢一直以来不求回报、默默支持我的父母，无论何时，他们永远毫无保留地给我提供最大的支撑和鼓励。成长路上，我所取得的每一点成绩，无不源于父母的艰辛与付出，父母恩情之重，我毕生实乃不能报答于万一。

感谢支持和帮助我的诸多好友，是他们的陪伴与理解，容忍我在论文写作中的坏脾气和小情绪，使我走出阴霾，让我体会到了友情的温暖与可贵，是他们的鼓励给我继续前行的勇气和信心。

最后感谢辛苦的我，曾经论文写作陷入绝望的时候仍然咬牙坚持，不抛弃不放弃，今天才能一步一步变成更好的自己。

2017 年 6 月于新知大厦